工商管理理论与实践前沿丛书

数字经济时代商业模式创新与企业高质量发展

朱兆珍 / 著

BUSINESS MODEL INNOVATION AND
HIGH-QUALITY DEVELOPMENT OF ENTERPRISES IN THE
ERA OF DIGITAL ECONOMY

本书出版得到以下项目资助:
自然科学基金面上项目(72072001);安徽省新时代育人质量工程项目(研究生教育)——省级研究生示范课程和专业学位教学案例(库)项目(2022zyxwjxalk102);安徽财经大学研究生示范课程建设项目——管理会计理论与实务(cxjhsfkc2203)。

经济管理出版社

图书在版编目（CIP）数据

数字经济时代商业模式创新与企业高质量发展/朱兆珍著 . —北京：经济管理出版社，2023.9

ISBN 978-7-5096-9239-4

Ⅰ.①数… Ⅱ.①朱… Ⅲ.①商业模式—数字化—研究 ②企业发展—研究 Ⅳ.①F71 ②F272.1

中国国家版本馆 CIP 数据核字（2023）第 178432 号

组稿编辑：王光艳
责任编辑：王光艳
责任印制：许　艳
责任校对：徐业霞

出版发行：经济管理出版社
　　　　　（北京市海淀区北蜂窝 8 号中雅大厦 A 座 11 层　100038）
网　　址：www.E-mp.com.cn
电　　话：（010）51915602
印　　刷：北京市海淀区唐家岭福利印刷厂
经　　销：新华书店
开　　本：720mm×1000mm/16
印　　张：12.25
字　　数：160 千字
版　　次：2023 年 9 月第 1 版　2023 年 9 月第 1 次印刷
书　　号：ISBN 978-7-5096-9239-4
定　　价：68.00 元

·版权所有　翻印必究·
凡购本社图书，如有印装错误，由本社发行部负责调换。
联系地址：北京市海淀区北蜂窝 8 号中雅大厦 11 层
电话：（010）68022974　邮编：100038

前　言

　　"大鹏一日同风起，扶摇直上九万里。"党的二十大报告指出，高质量发展是全面建设社会主义现代化国家的首要任务。此前，党的十九届五中全会也提出，新时代我国经济发展的基本特征，就是由高速增长阶段转向高质量发展阶段。2022年12月15~16日，中央经济工作会议再次强调，发展必须是高质量发展。在全球竞争格局下，企业高质量发展的第一驱动力是创新（简新华等，2022）。结合著名管理学大师彼得·德鲁克所言，"当今企业之间的竞争，不是产品之间的竞争，而是商业模式之间的竞争"。那么，商业模式的创新势必能够有力推动企业高质量发展。尤其是在数字经济背景下，数字技术为企业挖掘新价值创造源泉、构造数字化经营逻辑、重塑产业竞争格局带来无限潜能（魏江等，2021）。根据中国信息通信研究院发布的《中国数字经济发展研究报告（2023年）》，2022年，我国数字经济规模达到50.2万亿元，同比名义增长10.3%，已连续11年显著高于同期GDP名义增速，数字经济占GDP比重达到41.5%。显然，数字经济已成为引领经济社会变革、推动中国经济高质量健康发展的重要引擎。英国《经济学人》周刊刊文称，最有价值的资源不再是石油，而是数据。但是数字经济时代的数据若想成为"新石油"，必须经过提炼之后才能产生价值。"治世不一道，便国不法古。"数字经济的发展迫使企业的组织环境日趋复杂，企业经营的商业逻辑也发生了巨大变化，生产和经营边界被打破，传统的商业模式与数字经济下的发展模式已不相适应。企业欲实现高质量发展，必须借助数字技术对传统产业进行转型升级，将数字技术与传统产业进行深度融合，快速推进商业模式创新。

"萧索空宇中，了无一可悦。历览千载书，时时见遗烈。"本书在写作过程中阅读了大量的有关商业模式和企业高质量发展的参考文献。关于商业模式创新的研究文献汗牛充栋，有关企业高质量发展的探究成果车载斗量，然而将商业模式创新与企业高质量发展有机结合的研究却寥若晨星。已有少数研究基本围绕某个行业企业商业模式创新推进其高质量发展，如化工企业、制造业企业等，且鲜有涉及在当前数字经济时代企业数字化转型盛行的背景下，商业模式创新驱动企业高质量发展的机制和路径研究。在数字经济浪潮中，市场的进入障碍已经不复存在，跨界竞争者正在蜂拥而入。在各行各业，数字化竞争者都在利用新的平台和技术打击竞争对手、接近用户，并颠覆旧有的商业模式。为了实现高质量发展，企业亟须进行科学有效的商业模式创新，这是在弱肉强食的激烈竞争环境中占有一席之地的必经之路。本书紧密结合数字经济时代背景，参考著名学者 Rachinger 等（2019）对商业模式的分类，在价值主张、价值创造和价值获取三个维度划分的基础上，系统阐释变革价值主张、价值创造和价值获取方式三条路径驱动企业高质量发展的机制，并进一步运用通俗易懂的案例研究法，精心选取妇孺皆知的经典案例，阐明商业模式创新对案例研究对象高质量发展所发挥的举足轻重的作用。

"自古圣贤之言学也，咸以躬行实践为先。"《数字经济时代商业模式创新驱动企业高质量发展的机制与路径研究》本书的相关问题研究来源于企业追求高质量发展、进行商业模式创新的实际需要，强调理论与实际运用相结合。其一，从研究内容来看，综合运用文献研究法、案例分析法等研究商业模式创新对企业高质量发展的影响机制与实现路径。其二，从研究视角来看，全书基于数字经济时代背景，通过构建理论框架，精心挑选典型案例，阐释价值主张、价值创造和价值获取方式的革新如何推动企业高质量发展，显著丰富了企业高质量发展以及商业模式研究的相关理论。其三，从研究特点来看，全书整体逻辑严谨、框架结构和研究思路较为清晰、研究内容比较充实。相关研究结论为企业实施科学有效的商业模式创新进而实现高质量发展奠定了理论基础。全书具有较高的理论价值和实践意义。

"不闻不若闻之，闻之不若见之，见之不若知之，知之不若行之。学至于行止矣。"本书努力运用耳熟能详的典型案例实践阐释枯燥的理论知识，以深入浅出地剖析并例证本书研究主题的重要性。另外，本书的研究成果也是笔者主持的2022年度安徽省新时代育人质量工程项目（研究生教育）——省级研究生专业学位教学案例库项目（2022zyxwjxalk102）的阶段性成果，故本书重点使用了案例研究法。

"落其实者思其树，饮其流者怀其源。"在笔者的研究工作以及本书的撰写过程中，得到了众多亲朋好友以及所指导研究生的无私帮助，在此表示诚挚的感谢。首先，感谢笔者的父母、公婆、爱人和两个聪明伶俐、活泼可爱的孩子，他们给予了笔者莫大的支持，是笔者生命中最为重要的人；其次，感谢相关课题组成员对笔者工作的支持和帮助，感激硕士研究生协助笔者查阅权威文献资料、修改规范全书的体例格式，为本书的顺利出版付出了辛勤的劳动；最后，特别感谢经济管理出版社张丽媛和王光艳女士，她们为本书的出版做了大量细致入微、精益求精的工作。

"望君不计事烦忧，转身踏来助成功。"由于笔者水平有限，编写时间仓促，所以书中错误和不足之处在所难免，恳请广大读者批评指正。

朱兆珍

2023 年 6 月

目 录

第一章　绪论 ········· 1

第一节　选题背景和研究意义 ········· 1
一、选题背景 ········· 1
二、研究意义 ········· 5

第二节　研究思路与方法 ········· 7
一、研究思路 ········· 7
二、研究方法 ········· 9

第三节　本书的结构安排 ········· 10

第四节　本书的创新点 ········· 11

第二章　文献综述 ········· 13

第一节　企业高质量发展的影响因素 ········· 13
一、企业高质量发展的外部影响因素 ········· 14
二、企业高质量发展的内部影响因素 ········· 20
三、简要述评 ········· 25

第二节　商业模式创新的经济后果 ········· 26
一、商业模式创新与技术创新 ········· 26

二、商业模式创新与企业绩效 …………………………… 29
　　三、商业模式创新与社会责任 …………………………… 34
　　四、商业模式创新与可持续发展 ………………………… 37
　　五、简要述评 ……………………………………………… 38
第三节　商业模式创新实现过程 ………………………………… 39
　　一、商业模式创新实现机制 ……………………………… 40
　　二、商业模式创新实现路径 ……………………………… 43
　　三、简要述评 ……………………………………………… 46

第三章　数字经济时代商业模式画布 …………………………… 49

第一节　数字经济时代商业模式的本质洞察 …………………… 49
　　一、数字经济时代商业模式创新的内涵 ………………… 49
　　二、商业模式创新要素 …………………………………… 51
第二节　商业模式画布 …………………………………………… 53
　　一、数字化商业模式画布 ………………………………… 53
　　二、可持续商业模式画布 ………………………………… 55
　　三、数字经济时代可持续性商业模式画布
　　　　实现场景 ……………………………………………… 58
第三节　数字经济时代商业模式衍生创新 ……………………… 61
　　一、数字经济时代商业模式衍生创新类型 ……………… 61
　　二、数字经济时代商业模式创新演化过程 ……………… 66

第四章　商业模式与企业高质量发展的
　　　　　逻辑与实践 …………………………………………… 69

第一节　商业模式与企业高质量发展的逻辑 …………………… 69
　　一、概念界定：相互渗透 ………………………………… 69

二、终极目标：协同一致 ………………………………… 75
第二节 商业模式创新与企业高质量发展的实践 ………… 76
一、效率型商业模式创新 ………………………………… 76
二、新颖型商业模式创新 ………………………………… 78

第五章 企业高质量发展路径之一：变革企业价值主张方式 …………………………………………… 81

第一节 企业价值主张方式的革新 ………………………… 81
一、企业价值主张的内涵界定 …………………………… 81
二、数字经济时代价值主张革新 ………………………… 82
三、价值主张驱动企业高质量发展的机制分析 ………… 85
第二节 典型案例分析——Airbnb 公司价值主张革新之路 …………………………………………………… 91
一、Airbnb 公司简介 ……………………………………… 91
二、Airbnb 公司的平台基础架构 ………………………… 92
三、Airbnb 公司价值主张分析 …………………………… 93
四、案例思考 ……………………………………………… 96

第六章 企业高质量发展路径之二：变革企业价值创造方式 …………………………………………… 99

第一节 企业价值创造方式的革新 ………………………… 99
一、企业价值创造的内涵界定 …………………………… 99
二、企业价值创造驱动企业高质量发展的机制分析 … 100
第二节 典型案例分析——顺丰公司的价值创造方式革新之路 ………………………………………… 112
一、顺丰公司简介 ………………………………………… 112

· 3 ·

二、顺丰公司价值创造路径革新动因分析 …………… 113
三、顺丰公司的价值创造路径选择 ………………………… 114

第七章 企业高质量发展路径之三：变革企业价值获取方式 …………………………………………… 117

第一节 企业价值获取方式的革新 ……………………… 117
一、企业价值获取方式的内涵界定 ………………… 118
二、数字经济时代企业价值获取方式革新 ………… 118
三、企业价值获取驱动企业高质量发展的机制分析…… 124

第二节 典型案例分析——企业价值获取方式的革新之路 …………………………………… 129
一、Netflix ………………………………………… 129
二、美团 …………………………………………… 131
三、欧马腾会展平台 ……………………………… 132

第八章 研究结论与政策建议 ……………………………… 139

第一节 研究结论 ………………………………………… 139
第二节 政策建议 ………………………………………… 141
一、企业价值主张维度的政策建议 ………………… 141
二、企业价值创造维度的政策建议 ………………… 143
三、企业价值获取维度的政策建议 ………………… 146

参考文献 …………………………………………………… 149

第一章

绪 论

第一节 选题背景和研究意义

一、选题背景

自党的十八大以来,以习近平同志为核心的党中央高度重视发展数字经济,并将其上升为国家战略。习近平总书记多次发表重要讲话,深刻阐述了数字经济发展的趋势和规律,科学回答了为什么要发展数字经济、怎样发展数字经济的重大理论和实践问题,为我国数字经济发展指明了前进的方向,提供了根本遵循。数字经济在《政府工作报告》中的地位也不断提升,从2017年第一次提出"促进数字经济加快发展",到2022年将"促进数字经济发展"单独成段,再到2023年"大力发展数字经济",《政府工作报告》对"数字经济"的表述不断强化,释放大力发展数字经济的积极政策信号。党的十九大报告强调,"我国经济已由高速增长阶段转向高质量发展阶段,正处在转变发展方式、优化经济结构、转换增长动力的攻关期,建设现代化经济体系是跨越关口的迫切要求和我国发展的战略目标"。党的十九届五中全会提出，新时代我国经济发展的基本特征，就是由高速增长阶段转向高质量发展阶段。党的二十大报告指出，高质量发展是全面建设社会主义现代化国家的首要任务。2022年12月15～16日，习近平总书记在中央经济工作会议上再次强调"要大力发展数字经济""发展必须是高质量发展"。

面对风高浪急的国际环境和艰巨繁重的国内改革发展稳定任务，以习近平同志为核心的党中央团结带领全国各族人民迎难而上，推动经济企稳回升，党的二十大的胜利召开，擘画了我国全面建设社会主义现代化国家，以中国式现代化全面推进中华民族伟大复兴的宏伟蓝图。党的二十大报告明确指出，要加快发展数字经济，促进数字经济和实体经济深度融合，打造具有国际竞争力的数字产业集群，发展数字经济已成为推进中国式现代化的重要驱动力量。中国信息通信研究院发布的《中国数字经济发展研究报告（2023年）》指出，2022年，我国数字经济规模达到50.2万亿元，同比名义增长10.3%，已连续11年显著高于同期GDP名义增速，数字经济占GDP比重达到41.5%，这一比重相当于第二产业占国民经济的比重。2022年，面对新的经济下行压力，各级政府、各类企业纷纷把发展数字经济作为培育经济增长新动能、抢抓发展新机遇的重要路径手段。数字经济发展活力持续释放，我国数字经济规模达到50.2万亿元，同比增长4.7万亿元，我国数字经济持续做大（见图1-1），数字经济已成为引领经济社会变革、推动中国经济高质量健康发展的重要引擎。此外，数字经济是以数字化的知识和信息作为关键生产要素，以数字技术为核心驱动力量，以现代信息网络为重要载体，通过数字技术与实体经济深度融合，不断提高经济社会的数字化、网络化、智能化水平，加速重构经济发展与治理模式的新型经济形态，具体包括四大部分：数字产业化、产业数字化、数字化治理以及数据价值化。据此逐步形成的数字化环境为企业商业模式创新带来了前所未有的机遇（李盼盼等，2022；史亚雅、杨德明，2021；李永发、李东，2015）。在数字经济背景下，数字技术不仅为企业挖掘新价值创造源泉、构造数字化经营逻辑、重塑产业竞争格局带来无限潜能（魏江等，2021），商业模式创新具有价值创造潜力和战略相关性（王烽权、江积海，2023；杨俊等，2020），而且数字技术也为企业发现和创造价值提供了新的视角和方式，成为当今我国企业进行商业模式创新的切入点（Kohtamäki et al.，2019）。Li（2020）也发现，数字技术的应用有助于企业实现比以往更大范围的商业模式部署，从而使企业能够构建多种商业模式的组合，并能够产生一定的溢出效应。

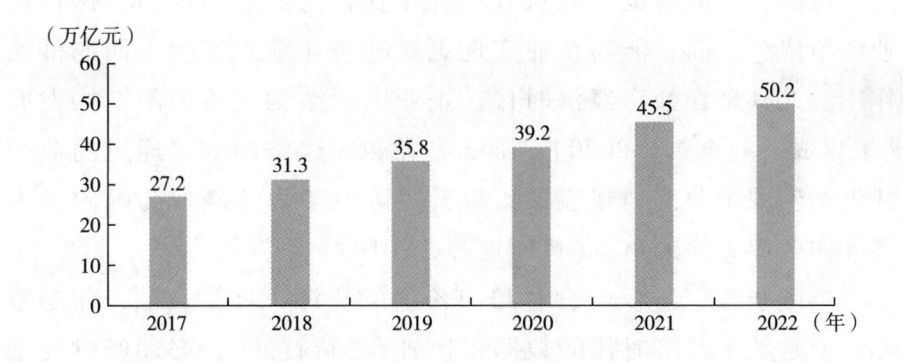

图 1-1　2017~2022 年我国数字经济规模

资料来源：中国信息通信研究院。

在全球竞争格局下，企业作为实体经济的微观主体，是价值创造的核心载体，其高质量发展是实体经济发展的重要内容与基础支撑（黄速建等，2020），而创新是推动企业高质量发展的第一驱动力（简新华等，2022），企业创新活跃度越高、投入越大，企业的核心竞争力就越强（夏晗，2022）。现代著名管理学大师彼得·德鲁克曾这样说，"当今企业之间的竞争，不是产品之间的竞争，而是商业模式之间的竞争"，而商业模式的核心问题是商业模式创新。有效的商业模式创新能够提升企业能力、构建竞争优势（Luis et al.，2015），还可以通过降低交易成本和增加价值增长点来助力企业创造价值，从而获取竞争优势（张新民、陈德球，2020）。Zott和Amit（2007）也认为，通过商业模式创新，企业能够获得战略层面的交易结构调整，并在调整中实现较大幅度的突破式发展和价值提升。此后，Zott等（2011）又发现商业模式创新是制造企业寻求新价值来源的重要途径，通过商业模式创新，企业能够与合作伙伴建立新的业务合作关系，降低交易成本，并为利益相关者创造更大的价值，实现企业的价值链攀升。蒲晓晔和Fidrmuc（2018）证实了商业模式创新系统地重构了企业在市场中的运营逻辑，不但有助于培育和增强企业自身的竞争能力，保持企业竞争优势，而且能对企业实现更好的企业绩效产生正面的推动作用。尤其是在数字经济时代，企业组织结构向价值网结构发展（王化成、刘金钊，2020）。那么，在数字经济时代，通过商业模式创新实现企业高质量发展以提升国际竞争力逐渐成为国内学术界和实业界关注的重点（黄速建等，2018）。

英国杂志《经济学人》称最有价值的资源不再是石油，而是数据。但是数字经济时代的数据若想成为"新石油"，必须经过提炼之后才能产生价值。数字经济的发展迫使企业的组织环境日趋复杂，企业经营的商业逻辑也发生了巨大变化，主要体现在：社群平台替代技术研发作为企业的主要隔绝机制；社群成为企业的异质性资源，并对产品设计产生决定性影响；跨界协作成为商业新常态。很明显，传统的商业模式与数字经济时代的发展模式已不相匹配。此外，大数据、云计算、人工智能、移动互联网等新兴技术的发展改变了企业价值创造的逻辑与范式。商业模式已成为企业实现持续发展与承担社会责任的有效创新方式，推动社会经济的进步（汤新慧等，2023）。因此，企业欲实现高质量发展，必须借助数字技术对传统产业进行转型升级，将数字技术与传统产业进行深度融合，提炼数据"新石油"，快速推进商业模式创新，进而助推企业高质量发展。

越来越多的企业将传统商业模式与新技术、新需求相结合，期望据此获得竞争优势，商业模式创新也因此成为理论研究的热点，进行商业模式创新已成为企业生存发展、获取所处技术社会生态系统优势地位的普遍共识（孟韬等，2021）。许多研究表明，不同于技术创新，商业模式创新可以用快速、高质量的方式满足客户多样化需求（魏江等，2012），通过新的价值增长点（胡保亮，2015），助力企业实现高质量发展；也可以通过降低交易成本，帮助企业获取竞争优势（罗珉、李亮宇，2015）。Amit等（2022）阐释了商业模式创新战略必备的三个要素并阐明其对中国企业高质量发展的逻辑路径选择提供了重要的启示。然而，截至目前，基于数字经济时代背景，系统阐释商业模式创新如何驱动企业高质量发展的机制研究尚不够明晰，具体实施路径也不够明朗。本书将就这一问题展开深度探讨，考察商业模式的三个主流要素：价值主张、价值创造以及价值获取在数字技术的积极作用下怎样推进企业高质量发展。

二、研究意义

互联网、大数据、云计算等数字技术的革新不断推动中国经济高质量发展，也使企业传统的商业模式产生了颠覆性的变化。数字技术不仅改变了传统的供需双方的交易环境、时间和选择范围，而且加快了商品交换的速率并减少了流通环节，在很大程度上降低了企业的经营成本，提高了企业的生产效率和运营效率，且跨越式地改变着商业模式的基本逻辑（马蓝等，2021）。数字经济与实体经济融合是为实体经济实现更好的发展拓展新空间，以此助力企业实现高质量发展。在数字经济时代，企业不得不借助数字技术对传统产业进行转型升级，将数字技术与传统产业进行深度融合，快速推进数字化商业模式的形成（张艳等，2020）。但是，在数字经济时代，商业模式创新究竟如何助力企业高质量发展尚缺乏系统的理论剖析与实证研究。为此，本书重点关注在数字经济背景下，科学界定商业模式创新与企业高质量发展内涵的基础上，勾勒商业模式画布，探究商业模式创新驱动企业高质量发展的机制和路径，并选取经典案例加以例证。本书的研究具有较强的理论意义和现实意义。

1. 理论意义

本书的理论意义：第一，丰富了企业高质量发展影响因素的相关文献。本书从数字经济背景出发，考察了商业模式创新对企业高质量发展的影响机制及其路径，揭开了商业模式创新推进企业高质量发展的"暗箱"，有助于深化对企业高质量发展影响因素的理解。第二，拓展了商业模式创新的研究边界。以往商业模式创新的相关研究主要集中在产品市场领域，探讨商业模式创新对企业业绩、竞争力的影响（罗珉、李亮宇，2015；李永发等，2017），但探究数字经济时代商业模式创新对企业高质量发展影响的研究尚不多见。本书重点基于商业模式创新的三个要素，即价值主张、价值创造和价值获取，借助数字技术的支持角度，阐释商业模式创新驱动企业高质量发展积极的经济后果。第三，深化了商业模式创新对企业高质量发展的作用机制。本书分别从企业价值主张、价值创造和价值获取三个维度系统地考察了商业模式创新驱动企业高质量发展的作用路径，有助于更完整地勾勒出数字经济时代商业模式创新对企业高质量发展的影响机制，更好地展现商业模式创新影响企业高质量发展的完整图景。综上所述，本书对于商业模式创新以及企业高质量发展的相关研究具有一定的理论指引作用。

2. 现实意义

本书的现实意义：一方面，鉴于国家陆续出台了"互联网+""创新驱动发展战略"等多项政策鼓励企业开展商业模式创新活动。在这一背景下，如何通过商业模式创新驱动企业高质量发展已成为社会各界极为关注的一个热点问题。本书深入剖析了在数字经济时代，商业模式创新驱动企业高质量发展的路径，有助于推动国家相关政策的制定和有效实施。另一方面，商业模式创新对企业高质量发展有举足轻重的作用。本书从变革企业价值主张、价值创造和价值获取三个维度论证在商业模式创新过程中，企业需要高度重视正确确定企业价值主张、有效进行价值创造以及科学获取企业价值等相关工作，可以为企业实现高质量发展提供指引和经验借鉴。综上所述，本书对于企业通过商业模式创新以实现高质量发展具有一定的实践指导意义。

第二节 研究思路与方法

一、研究思路

本书基于数字经济背景，系统阐释商业模式创新驱动企业高质量发展的机制和路径。具体研究思路如图 1-2 所示。

首先，围绕本书的研究主题，回顾了企业高质量发展影响因素以及商业模式创新经济后果方面的文献，了解了企业高质量发展与商业模式创新的研究现状及发展趋势。其次，结合数字经济时代特征，提炼数据，勾勒出数字经济时代商业模式画布。再次，

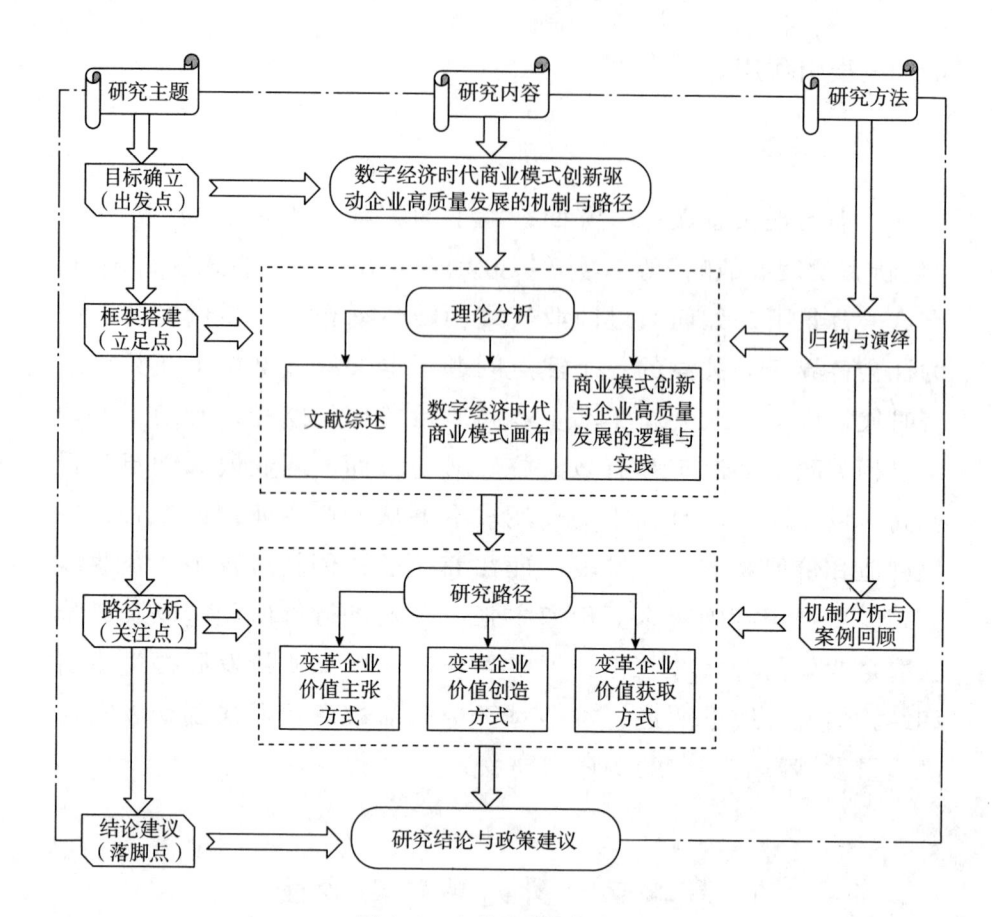

图 1-2 本书研究技术路线

从概念界定和终极目标角度剖析了商业模式与企业高质量发展的逻辑关系。再次，探究了商业模式创新驱动企业高质量发展的三条路径：第一条，变革企业价值主张方式；第二条，变革企业价值创造方式；第三条，变革企业价值获取方式。最后，针对本书的研究结论，紧扣数字经济时代背景，提出了创新商业模式进而提高企业高质量发展的政策建议。

二、研究方法

本书综合运用规范与实证相结合的方法进行研究，具体采用文献研究法、案例研究法以及归纳演绎法。

1. 文献研究法

通过查询图书馆网站数据库及购买相关书籍等途径，广泛收集、认真研读并系统整理与商业模式创新及企业高质量发展有关的文献资料。在充分审慎研读大量国内外相关文献的前提下，较为全面地了解了企业高质量发展的影响因素和商业模式创新的经济后果方面的研究动态及发展趋势，探寻可以进一步研究的空间，为分析商业模式创新驱动企业高质量发展的机制和路径提供理论依据。

2. 案例研究法

从研究范式来看，案例研究隶属于实证研究，用于研究新领域的相关主题更为恰当（Einsenhardt，1989），数字经济时代商业模式创新是逐渐被高度重视的新颖主题。它是在不脱离实际现实生活情境的前提下，以典型案例为素材，并通过具体分析和解剖，促使人们对某个议题的深刻理解。案例研究是理论探索和持续发展的重要工具（Cassell，2016），而典型案例研究有助于更加详尽充分地反映其作用机制及过程（Yin，2013）。因此，本书采用探索性多案例研究方法，聚焦商业模式创新与企业高质量发展之间的逻辑关系，分别详细阐述可以通过变革价值主张方式、价值创造方式以及价值获取方式来驱动企业高质量发展。

3. 归纳演绎法

归纳是由个别到一般的思维方法，即由若干个别事例推出一个一般性的结论,或用若干个别的判断作为论据来证明一个论点或论题;演绎与归纳相反,它是由一般到个别的思维方法,即在理论研究中用已知的一般道理作为论据来证明一个个别性的论点。在本书研究中,通过梳理相关文献得出商业模式创新可以通过变革价值主张方式、价值创造方式和价值获取方式三条路径来驱动企业高质量发展的结论,进而又反过来基于上述三条路径有针对性地选取一个或者若干个典型案例,而这正是运用归纳法和演绎法的体现。

第三节 本书的结构安排

本书共分为八章。

第一章是绪论。阐述数字经济时代商业模式创新驱动企业高质量发展研究的选题背景、研究意义、研究思路和方法、结构安排及本书的创新点。

第二章是文献综述。本章重点梳理了国内外有关企业高质量发展的内外部影响因素、商业模式创新的经济后果以及商业模式创新实现机制与路径三个方面的权威文献,为后续研究商业模式创新与企业高质量发展的内在机制和影响路径奠定基础。

第三章是数字经济时代商业模式画布。首先详细阐述了商业模式创新的内涵和商业模式要素理论;其次重点论述了商业模式画布,包括数字化商业模式画布、可持续商业模式画布以及数字经济时代可持续性商业模式画布实现场景;最后阐明了数字经济时代商业模式衍生创新的类型和演化过程。

第四章是商业模式与企业高质量发展的逻辑与实践。首先分别从经济学视角、运营视角、战略视角和整合视角详细介绍了商业模式的概念;其次依据商业模式和高质量发展的概念界定和终极目标分析，说明商业模式与企业高质量发展之间的逻辑关系；最后介绍了商业模式创新与企业高质量发展的实践。

第五章是企业高质量发展路径之一：变革企业价值主张方式。首先，对企业价值主张进行内涵界定。其次，聚焦数字时代，充分阐述了传统的企业价值主张和数字经济时代的企业价值主张。再次，深入剖释了价值主张驱动企业高质量发展的内在机制。最后，详细分析了 Airbnb 公司价值主张革新之路的典型案例，阐明企业价值主张创新对企业高质量发展的重要作用。

第六章是企业高质量发展路径之二：变革企业价值创造方式。首先，进行了企业价值创造的内涵界定。其次，系统剖析企业价值创造通过大数据应用、互联网嵌入以及 ESG 实践三条路径推动企业高质量发展的作用机制。最后，深入解析顺丰公司价值创造方式革新之路的典型案例，阐释企业价值创造革新对企业高质量发展的重要意义。

第七章是企业高质量发展路径之三：变革企业价值获取方式。首先，对企业价值获取方式进行内涵界定。其次，介绍了数字经济时代企业类型的演变情况，并因此得出企业价值获取方式需要相应革新的结论。再次，系统解析平台企业价值获取方式革新推动企业高质量发展的作用机制。最后，深入剖析 Netflix、美团和欧马腾会展平台三家平台企业价值获取方式革新之路的典型案例，阐释企业价值获取变革对企业高质量发展的积极作用。

第八章是研究结论与政策建议。总结本书的研究结论，并根据研究结论提出优化商业模式创新、助力企业高质量发展的政策建议。

第四节 本书的创新点

在研究内容上，在数字经济时代，商业模式创新究竟如何助力企业高质量发展尚缺乏系统的理论剖析与实证研究。为此，本书重点阐释在数字经济背景下，商业模式创新如何驱动企业高质量发展，并精心选取多个典型案例加以例证。不仅有助于丰富商业模式创新和企业高质量发展的相关研究，而且有利于进行科学有效的商业模式创新，为实现企业高质量发展提供理论指导和实践经验。

在研究视角上，目前，鲜有文献从数字经济时代背景出发，探究商业模式创新对企业高质量发展的影响。本书结合数字经济时代特征，提炼数据，勾勒出数字经济时代商业模式画布，在此基础上分别从企业价值主张、价值创造和价值获取三个方面，系统研究了商业模式创新驱动企业高质量发展的作用路径，有助于更完整地论证在数字经济时代，商业模式创新对企业高质量发展的影响机制，更好地展现商业模式创新影响企业高质量发展的完整图景。

在研究框架上，本书基于企业高质量发展的影响因素以及商业模式创新的经济后果方面的相关研究，以数字经济为时代背景，将商业模式创新与企业高质量发展纳入同一研究框架，对企业价值主张、价值创造、价值获取的渠道进行深入剖析，打开了商业模式创新与企业高质量发展的机制"黑箱"。

第二章

文献综述

第一节 企业高质量发展的影响因素

当前，我国实体经济已由高速增长阶段转向高质量发展阶段，高质量发展是企业在经营发展中高水平、高附加值和高效率的具体体现，其中，生产效率的提高是企业现阶段高质量发展的重要衡量特征（黄速建等，2018）。企业作为实体经济重要的微观主体，通过融合大数据、数字技术形成创新驱动发展模式，实现供给侧结构性改革及自身生产效率的提升，可有效助推实体经济高质量发展迈出更大步伐。大量文献表明，企业高质量发展将有助于推动社会资本积累，实现经济高质量增长，并且我国企业生产效率还存在一定的上升空间（Hsieh and Klenow，2009）。那么，探究影响企业高质量发展的因素对实现国民经济高质量发展具有重要的意义。作为推动经济高质量发展的重要组成部分，企业高质量发展水平在一定程度上难免受到企业外部理财环境和内部治理条件等多种因素的综合影响。本部分围绕企业高质量发展的内外部影响因素梳理国内外权威文献，可为促进企业高质量发展、实现经济高质量增长提供一定的参考。

一、企业高质量发展的外部影响因素

外部理财环境是企业生存发展的重要基础，企业高质量发展会受到众多外部因素的影响。下文将从政策实施、环境规制、数字金融和数字化建设四个层面梳理企业高质量发展的外部影响因素的文献。

1. 政策实施

在政策实施方面，自党的十九大我国首次提出企业高质量发展的概念后，中央出台了一系列鼓励企业技术创新、引导企业高质量发展的政策举措，为各地区试点政策发展落实、积极学习先进经验、不断探索影响企业高质量发展新模式提供了现实指导。低碳城市试点政策是推动我国经济低碳转型的重要措施之一，王贞洁和王惠（2022）以此为落脚点，研究了低碳城市试点政策通过统筹发挥经济效率和社会效益的积极作用，从而显著促进企业的可持续高质量发展，并指出企业高质量发展能够实现经济效率与社会效益之间协调的关键在于经济效率的提升是进一步促进企业社会效益发挥的基础。低碳城市试点政策实施后，企业全要素生产率越高的企业可持续发展表现越好。晏国菀和夏雪（2023）则基于企业全要素生产率视角，检验了减税降费政策对中国实体企业高质量发展的积极作用。研究发现，"减税"和"降费"两个维度均对企业高质量发展存在显著的正向影响。这种正向影响机制主要通过提高企业创新水平和资源配置效率实现，为避免企业高质量发展过程中的"一刀切"或"单一模式"、强化降费举措和政策指向性提供了理论依据。政策实施所产生的外部监督作用督促企业实现了高质量的资源配置效率，通过政策联动全方位助力企业高质量发展（刘亦文等，2019），即只有良好的政策实施环境，才能保证企业高质量发展的彻底落实。在中国特色社会主义高质量发展中，政府一直扮演着至关重要的角色。政府干预在促进企业高质量发展过程中具有协同作用，并呈现倒"U"形特征（张治栋、廖常文，2019）。政府补贴作为政府干预企业创新发展的重要政策工具（杨国超、芮萌，2020），同时也是导致企业高质量发展水平出现较大差异的一个主要原因。郑飞等（2022）研究发现，政府补贴作为缓解企业融资困境的重要渠道，显著地促进了企业发展质量的提升。政府补贴通过缓解企业融资约束、促进技术创新实现了企业绩效的提升，共同促进了企业的高质量发展，并且这一促进效应在产业发展的不同生命周期也表现出了明显的异质性。对于形成期企业和成长期企业而言，政府补贴的促进作用更为显著。但对此也有不同学者提出了截然相反的意见，如陈昭和刘映曼（2019）认为，政府补贴发放时各企业面临的信息不对称问题会抑制企业发展质量的提升，即较高的政府补贴水平使得企业安于现状，容易产生较高的事后道德风险。同时，政府补贴规模和覆盖项目的不断扩大，企业寻租和徇私舞弊等问题也逐渐滋生，政府补贴在总体上反而会抑制企业高质量发展。然而，他们同时也指出，政府补贴会通过激励企业进行创新进而推动企业高质量发展。企业创新对企业高质量发展发挥的正向间接效应弱化了政府补贴总体效应的抑制作用，即表现为遮掩效应。由此可以看出，在推动企业高质量发展的同时，要以有针对性的政府干预政策为支撑，让政府政策机制更好地促进企业高质量发展（张治栋、廖常文，2019）。

2. 环境规制

新时代的经济秉承创新、协调、绿色、开放、共享的新发展理念，宏观经济高质量发展需要政府政策措施加以辅助，实现快速发展也离不开微观企业主体在生产方式上做出改变、提高资源使用效率、实现绿色低碳循环的高质量发展（任燕燕等，2022）。这就决定了仅靠企业个体及市场手段难以达到要求，需要借助政府的力量，环境规制的概念也由此被提出。伴随我国40多年经济发展的需要，我国环境规制的政策体系也趋于完善，对企业经营生产产生了越来越重要的影响。如何正确地认识环境规制发挥的作用，使企业达到既要金山银山又要绿水青山的高质量发展要求，成为众多学者关注的重要话题。郭涛和孙玉阳（2021）认为，环境规制不仅可以倒逼企业进行技术创新活动，还表现在纠正企业内部与外部之间的资源错配问题进而实现企业高质量发展。适度的环境规制能改善企业外部与企业内部之间的资源错配问题，使高生产率企业可以贡献更多的产出份额，对企业高质量发展产生正向促进作用。即从整体来看，环境规制对企业高质量发展的影响是正向的，环境规制会通过技术创新这一中介机制显著地促进企业高质量发展，并且在不同的技术创新水平以及地区差异下，这一促进作用也会表现出明显的异质性（杨仁发、郑媛媛，2020），而且往往这一促进效应呈现的是非线性关系，这一结果也得到唐晓华和孙元君（2020）的支持。他们研究了创新效应和能源效应在环境规制影响制造业高质量发展中的中介作用，并采用门槛模型进一步探究这一中介效应在对企业高质量发展中的非线性关系。结果发现，当创新效应作为门槛变量时，环境规制对企业高质量发展的抑制影响在跨越第一门槛值时就变为促进作用；当能源效应作为门槛变量时，环境规制也表现出了由抑制转为促进的非线性关系。在上述文献中，环境规制并非代表某项具体政策，而是基于环境规制强度这一衡量指标考察其对企业高质量发展的影响。也有学者将环境规制视为一项具体政策，如刘和旺等（2020）将《环境空气质量标准》这一具体环境规制政策视为准自然实验，采用双重差分法检验了该政策的实施对污染密集型行业的工业企业高质量发展具有显著的促进作用，并进一步验证了环境规制主要通过倒逼企业的技术创新和治理结构优化进而实现企业的高质量发展，而且发现这一促进作用影响的主要是非国有企业和处于环境规制力度较强区域的企业，这一结论为新时代通过环境规制治理结构创新渠道影响企业高质量发展提供了经验证据。

3. 数字金融

国内外研究普遍认为，随着金融业与实体经济融合程度的提高，更多的金融活动及数字金融发展对微观企业发展产生了密切的影响。李佳霖等（2021）认为，金融发展会通过对企业资源获取和配置产生影响进而作用于企业高质量发展。然而，金融发展与企业高质量发展并非呈简单的线性关系，而是呈倒"U"形关系，即当金融发展水平达到一定期限时，金融发展规模进一步扩大反而会因为企业实施多元化战略阻碍企业高质量发展。对此也有学者持不同观点，如万佳彧等（2020）研究发现，借助数字金融的通用技术，在金融服务过程中企业内外部的信息不对称性得以缓解，金融资本体系的金融资源错配问题得到有效改善，进而融资成本降低，有助于促进企业高质量发展。

在当前，我国实体经济已由高速增长阶段转向高质量发展阶段，高质量发展是企业在经营发展中高水平、高附加值和高效率的具体体现，其中生产效率的提高是企业现阶段高质量发展的重要衡量特征（黄速建等，2018）。伴随第四次技术革命的加速发展及数字技术与传统金融的深度融合，使得以区块链、云计算为特征的数字普惠金融逐渐成为驱动实体经济高质量发展的重要驱动力（张超等，2022）。一方面，数字普惠金融展现出"普惠性"的巨大优势（Ozili，2018），能够有效拓展金融服务的触达范围，缓解企业融资约束（唐松等，2020）；另一方面，数字普惠金融凭借"数字性"特征，通过缓解市场信息不对称风险，提高金融服务可得性（Gomber et al.，2017），为企业创新提供基础。这种对企业技术创新的促进作用具有长期价值效应，这是由于数字普惠金融的"数字性"可有效改善传统金融资源错配问题，为企业提供更高效、更持久的创新驱动力（唐松等，2020）。数字金融作为一种金融溢出，在保险、支付、信用等方面颠覆了传统的金融模式，倒逼传统金融机构转型升级、改善信贷资源错配、提升企业的资金配置和风险防范能力。这将有助于突破融资困境对传统金融的边界约束，实现对企业生产要素的创新组合，为企业获取核心创新力促进企业高质量发展提供更高效的金融支持（Beck et al.，2005）。此外，信用担保不足、信息不对称作为一直导致企业融资困境的主要原因（刘维奇、高超，2006），而数字普惠金融的出现很好地解决了这些问题。相较于传统的金融模式，数字普惠金融依据云计算、移动互联等大数据平台为企业提供金融服务，通过拓宽金融覆盖面、减少企业融资成本，帮助企业低成本、低风险地处理海量信息，使长尾群体突破金融服务"卷帘门""玻璃门"成为可能（Gomber et al.，2018），改善企业融资环境，并以此进一步增强企业研发意愿，促进企业技术创新活动，为推动企业高质量发展提供了先决条件。张一林等（2021）指出，融资约束在很大程度上限制了企业的创新投资，而数字普惠金融可以通过有效突破传统金融限制，成为促进金融更好地服务于实体经济、改善传统金融供给和企业金融需求结构失衡的重要突破口，从而促进实体企业和经济的健康发展。从金融深化论的角度来看，数字金融的普及有效地缓解了利率管制对金融的约束作用。在利率管制下，低水平的利率导致企业利息负担与融资需求的扭曲，降低了企业对经济发展的有效推动作用（杨伟中等，2020）。从金融结构论的角度来看，随着金融系统结构与功能的不断演变，数字普惠金融的出现丰富了金融工具类型，带来了金融结构的多级化和正规金融的可得性，从而加速了商业、技术、服务等方面动态信息的精准传播，强化了企业的信息获取能力，最终助力实体企业提振创新发展效率(Obschonka and Audretsch，2020)。从金融功能论的角度来看，数字普惠金融在功能上弥合了市场主导与银行主导两种金融机构孰优孰劣的局面，有效缓解了市场摩擦，协调了企业之间的信息不对称问题(战明华等，2020)，让处于金融弱势地位的企业也能较快地获得研发、经营等资金资源，提高企业投资效率，这对促进实体企业高质量发展无疑会起到关键作用。进一步地，数字金融的技术溢出效应使企业通过数字技术以及其他业务形态摆脱了对传统网点的依赖，降低了对市场资源的搜寻成本与交易成本，使得企业能够基于大数据平台更好地搜集沉淀关键信息，构建更加完善的基于数字技术的风险评估体系，为企业发展提供数字化保险服务，这将有效对冲企业发展过程中的经营风险，进而更好地促进实体企业高质量发展。

4. 数字化建设

在数字经济时代，企业探索数字化创新，已经成为加快推动产品服务高端化与高附加值的重要路径(范合君、吴婷，2021)。绝大部分文献也是从正面肯定了数字化建设对企业发展质量的促进作用。第一，基于服务创新视角出发，Forman 和 Van Zeebroeck (2012)以及 Branstetter 等(2019)提出，相较于传统技术服务创新活动，基于大数据等数字技术的产品服务创新对企业经营发展的影响更大。Brynjolfsson 和 McElheran(2016)基于美国制造业的数据研究结果提出，实施融合信息技术(IT)进行数字化创新的企业将拥有更高的生产效率。第二，从数据管理流程创新角度来看，随着数字经济的到来，企业发展过程中的稀缺关键资源将不仅包括数据本身，还包括如何进行处理和利用数据信息的能力。在数据环境相同的情景模式下，数据管理能力更高的企业能够将更多决策要素纳入目标制定过程，进而避免目标制定者的主观认知偏差(Rahwan et al.，2019)。第三，从商业模式创新角度来看，互联网商业模式是企业服务创新转型的助推器。互联网的快速发展打破了企业之间时间和空间的限制，形成各区域跨空间、网络化的协同发展平台，推进实体企业进一步提高生产效率。何帆和刘红霞（2019）指出，数字化变革可以通过降低成本费用、提高资产使用效率显著提升微观企业的经济发展水平。尤其是在数字技术推动商业模式变革情境下，消费者通过迅速、实时参与生产和价值创造的全流程，使生产者和消费者之间的关系发生了本质性的变化，实现了从传统制造企业向"制造+服务"的系统转变（赵宸宇，2021）。数字技术的积累可供性对渐进性商业模式创新和颠覆性商业模式创新都有正向影响，数字技术变异可供性对颠覆性商业模式创新也有积极的影响（汪志红、周建波，2022）。数字化建设水平较高的地区，其商业模式创新水平相应也会"水涨船高"（李盼盼等，2022）。

显然，借助数字化建设，革新商业模式已逐渐成为助力企业提高生产经营效率，进而实现企业高质量发展目标的有效途径。

二、企业高质量发展的内部影响因素

从经济学角度来看，高质量发展是以追求更高质量发展目标为动机，在一定经济质态下体现了经济发展的本真性质（金碚，2018）。但对于微观企业来说，将企业高质量发展看作一种新的发展范式，不是仅仅需要重视企业扩张、要素投入，更多的是需要强调生产高品质产品、提供优质服务、突出企业在经营发展过程中的经济价值和社会价值，以实现高水平、高质量的企业发展（黄速建等，2018）。下文将从企业金融资产配置、企业金融化、数字化转型和智能制造四个层面梳理企业高质量发展的内部影响方面的文献。

1. 企业金融资产配置

企业金融资产配置是一个影响企业高质量发展的重要因素，其发展规划与企业各项活动密切相关。根据现代资产配置理论，盈利是企业发展的首要目标，企业进行合理的金融资产配置，可以将资金合理地运用于各类资产上。在控制经营风险的同时，实现企业利润最大化目标。根据许志勇等（2022）的研究，金融资产配置主要通过"蓄水池效应"和"挤出效应"影响企业高质量发展。"蓄水池效应"是指企业高质量发展离不开长期的资本积累与创新投入，需要及时、充分的资金作为支撑。而金融资产快速变现的特征可以及时缓冲企业不可预见的财务困境。此外，金融资产配置提高了企业闲置资金的使用率，可以及时满足产业升级、基础设备购置等各类需求，提升企业高质量发展水平。"挤出效应"则是指金融资源配置是一种资源错配行为，会导致企业经营偏离主业，对企业高质量发展产生不利影响，如丁怡帆等（2022）基于企业全要素生产率视角研究发现，金融资源错配会通过降低企业创新能力、内部控制质量以及加大非效率投资显著地抑制企业高质量发展水平的提升，在金融资源分配不足的企业中体现得更为明显，这主要是因为金融资源分配不足的企业将面临更为严重的融资困境和经营风险，进而对企业创新活动及生产经营带来更严重的冲击。

2. 企业金融化

在当前我国经济已由高速增长阶段转向高质量发展的特殊阶段，随着经济的高质量发展，我国金融与实体经济的融合发展也由规模扩张转向质量提升。大量实体企业选择金融与房地产业等虚拟行业，将企业资金重心转向金融资产，致使实体企业资金分配不均。而这种由企业金融资产配置引起的企业金融化问题，对企业既有促进作用同时也存在挤出效应(王红建等,2017)。一方面,从事金融投资活动可以帮助实体企业进行资金储备,缓解企业的资金短缺问题,改善资本配置格局。Ayyagari等(2011)认为提高企业外部融资的可得性,可以有助于促进企业的研发创新投入,为企业研发创新活动提供基础,进而实现企业高质量发展。创新作为企业高质量发展的动力源泉,企业适度金融化可以缓解企业融资困境,促进企业研发创新活动。另一方面,若企业过度金融化,依赖金融资产反而会对企业创新产生不利影响(王少华等,2020)。对此,有学者指出金融化挤出效应创新投资可能存在拐点,如王红建等(2017)基于我国金融市场套利策略分析框架研究发现,整体上企业金融化对企业的创新发展表现出了挤出效应,抑制了企业的高质量发展,而且对于套利动机越强的企业,企业金融化挤出效应表现得越明显。从企业生产率来看,企业金融化并没有显著促进企业高质量发展。但当实体金融化程度达到一定拐点时,两者之间却逐渐开始呈现正向促进关系。此时可以看出,在短期内实体企业金融化促进企业高质量发展更多地表现为"蓄水池"式的直接促进效应。但从长远来看,基于我国市场长期存在的金融资本超额利润率的事实,企业金融化往往表现为一种市场套利行为。基于套利动机的金融资产投资未必会有效促进企业经营,即金融化"挤出效应"可能存在某一拐点,对企业高质量发展的影响并非呈现简单的正向作用。

3. 数字化转型

在推进实现数字化转型过程中,微观企业可以依托自身发展特点以及优势寻求适宜的发展路径,通过实现长足发展进而缓解企业金融化趋势(徐伟呈、范爱军,2022)。数字化转型作为促进实体企业高质量发展的重要路径,其本质是一种基于数字技术运用以应对外部市场不确定的产品革新和环境波动的战略行为,能有效提升企业绩效。目前，随着企业数字化转型的不断深入，数字化转型相关的学术研究也逐渐增多，学者普遍认可数字化转型作为一种应对外部市场变革的发展战略，可有效提升企业生产效率。赵宸宇等（2021）基于全要素生产率视角实证检验了数字化转型对企业高质量发展的影响，他们发现数字化转型对企业高质量发展具有显著的促进作用，而数字化转型也成为数字经济时代提升企业高质量发展水平的重要驱动力。具体而言，数字化转型通过提高创新水平推动先进行业融合发展以及降低企业生产成本等机制，可以有效促进全要素生产率提升，为准确认识数字化转型的生产率效应提供了现实指导。吴非等（2021）通过手工整理企业年报中的"数字化转型"关键词刻画企业数字化转型强度，检验了企业数字化转型与企业股票市场发展的影响机制与作用效应。结果发现，企业数字化转型不仅显著提升了股票流动性，并且呈现出一定的结构异质性，在企业所处区域的科技发展水平以及数字金融基础较好时，数字化转型对企业未来股票流动性的促进作用更为显著。上述学者从正面肯定了数字化转型升级对企业高质量发展的促进作用，也有学者认为，数字化和信息化的运用可能会导致企业出现不受控制的知识溢出效应，企业难以对内部关键知识进行准确控制，从而增加企业内部运营组织的复杂性和管理成本（Trott and Hartmann，2009），如武常岐等（2022）强调数字技术的快速发展确实赋予了企业全新的发展潜力与能力，但是同时他们还指出企业也面临着技术变革带来的新挑战。数字化转型的成功会助力企业生产率的提升，但并非呈现简单的线性关系，而是呈非线性的倒"U"形关系。在此过程中，企业经营发展中的竞争战略选择发挥了不可或缺的作用。当企业选择成本领先战略时，会对数字化转型带来的全要素生产率提升产生抑制作用；当企业选择差异化战略时，对数字化转型的积极作用将不会产生影响。进一步研究发现，企业选择成本领先战略带来的负面影响在国有企业、行业竞争度较高以及城市数字普惠金融发展水平较高的企业中会得到缓解，这一结论为实体企业塑造新型战略认知，助力实现企业高质量发展提供了实践指导。

4. 智能制造

智能制造是一种将现代化信息通信技术和先进制造技术两者深度融合，具有自感知、自学习、自决策、自执行、自适应等功能和特征的新型生产方式，其相关技术的应用实施势必会对企业高质量发展带来积极影响。一方面，企业通过引进智能化高端设备及各种人工智能技术，通过智能、实时的方式实现企业各生产环节信息资源的协调、共享，有效解决信息不对称和协调沟通问题，提升了产品创新发展与市场创新的同步效率（Granja et al.，2022）。同时，依据智能制造技术在信息搜索与处理效率上的优势，进而替代简单、重复性的信息处理工作，使科研人员专注于更为复杂、精密的研发创新活动（睢博、雷宏振，2021）。此外，企业间"信息孤岛"的打破也有助于协调上下游企业间的研发创新活动，加强企业对内外部资源的整合利用（王如玉、梁琦，2022）。另一方面，智能制造改变了资源配置方式，提高了资源转换效率（Chryssolouris et al.，2009）。在传统模式下，企业资产用途较为固定，转换成本大，难以转换他用。而智能制造模式可以使企业生产线仅转换少数零件就能够快速投入新产品的使用，大幅降低企业生产转换成本（权小锋、李闯，2022）。

另外，智能制造作为我国建设世界科技强国的关键举措之一，其政策的实施可以通过缓解企业融资约束助力企业高质量发展。一方面，基于资源基础理论，政府补助可直接为企业注入研发资金，提高创新资源配置效率，缓解企业融资约束（Bruce，2002）；另一方面，基于信号传导机制，获得政府补助能够向市场发布"官方认证"的积极信号，提高外部融资的可得性，吸引更多金融机构投入资金缓解企业面临的融资困境(杨德明等,2017)。再者,资源数字化作为智能制造的基础能力,企业可以此打破信息壁垒实现整个制造行业供应链的高度集成和协同(Zhou et al.,2018),借助供应链金融从根源上解决企业转型升级过程中的融资困境(张黎娜等,2021),并通过供应链金融实现上下游企业和金融机构之间融资覆盖面的拓展和融资效率提升的双重拟合,降低供应链金融断裂的风险。依托供应链长期稳定的战略合作关系,将金融机构对单一企业信用和风险的评估转化为对整个供应链金融的综合评估,缓解企业融资困境(鲍长生,2020),进而为企业高质量发展提供动力。与此同时,智能制造将劳动者从简单、重复性劳动中解放出来的"生产率效应",节约了企业的劳动力成本(沈洋、张秀武,2022),使企业有更多的自有资金投向更加复杂、高端的研发创新活动,从而促进企业高质量发展。

三、简要评述

在党的二十大报告提出了与时俱进的新要求,指出高质量发展是全面建设社会主义现代化国家的首要任务,要坚持以推动高质量发展为主题,加快建设现代化经济体系后,学术界对企业高质量发展这一概念就展开了广泛而深入的研究。梳理以上文献可以看出,现有文献对于企业高质量发展所面临的内外部环境影响因素的研究较为透彻,针对如何实现企业高质量发展路径的研究也逐渐完善。但围绕商业模式创新驱动路径的相关研究较少,商业模式创新是企业进行战略变革的重要创新实践。如今随着数字经济的蓬勃发展,智能制造、区块链等新兴技术逐渐使传统的生产工艺及企业的经营理念发生了巨大的转变,企业高质量发展的影响机制逐渐从以往的单独创造转为多主体间的协同创造,一方面为如何深入探讨企业高质量发展实现路径提供了进一步研究空间；另一方面对企业商业模式创新提出了新的要求，服务化、价值共创等逐渐成为商业模式创新领域重点关注的主题。数字经济的发展，要求微观实体经济创新性地将关键生产要素与数字技术融合，依照新技术重新配置关键要素并优化生产流程。此外，数字技术的蓬勃发展给企业现有的经营理念带来了巨大的挑战，企业唯有积极应对、及时进行商业模式创新才能在数字经济发展的浪潮中维持数字技术与商业模式之间的平衡，为实现企业高质量发展提供更多可能。

第二节 商业模式创新的经济后果

在数字经济背景下，企业运用数字技术设计并革新商业模式，可以充分发挥数字化潜力，有助于企业在高度不确定的数字环境中持续创造价值。本书将从技术创新、企业绩效、社会责任和可持续发展四个层面梳理商业模式创新的经济后果方面的文献。

一、商业模式创新与技术创新

商业模式创新可以推动技术创新。Chesbrough 和 Rosenbloom（2002）认为，通过商业模式创新能够让技术尽早释放价值，并转化为收益。但是技术并不能自带价值，企业不能单纯依靠技术创新获得价值，而需要通过商业模式转化才能带来利润和竞争优势。张新香（2015）以软件企业为案例研究对象，研究发现，商业模式创新的终极目标是激励技术创新。作为商业模式创新的终极目标，一方面，企业实力形成作为结果效应，刺激软件企业积极开展技术创新；另一方面，企业实力构成未来预期，激励软件企业开展技术创新。她认为通过商业模式创新，企业组织能够做到细分市场、占领生态位,但组织必须提供满足细分市场客户需求的产品与服务。此时,技术创新将起到关键性的支撑作用(戚耀元等,2015)。陈玉慧等(2012)从实证的角度出发,分别探索了龙头企业商业模式中价值定位、价值实现和价值保持三个方面对技术创新的影响的主要表现,印证了前人基于理论研究所提出的商业模式对技术创新具有影响力的结论。

在数字经济背景下,数字技术特征促使商业模式创新和技术创新互为因果,技术创新贯穿商业模式创新的整个过程,商业模式创新离不开技术创新(阳双梅、孙锐,2013)。两者之间对于组织价值实现存在交互作用。组织价值无法单独依靠技术创新或者商业模式创新而实现,只有在技术创新与商业模式创新的共同作用下才能更有保障,并且互补、协同、共驱的创新体系能够极大地提高创新成果的商业价值转化与增值能力(周芳,2015)。李翔和陈继祥(2015)指出,生产型新创企业和服务型新创企业在创业初期采用的创新模式往往是不同的。生产型新创企业往往偏重于技术创新,向消费者提供新产品;而服务型新创企业往往偏重于商业模式创新,以独特的方式向消费者提供服务体验。然而无论是生产型新创企业还是服务型新创企业,在创业的第二阶段均会遇到创新被在位企业模仿的问题。此时单纯的创新模式已经很难获得竞争优势,往往需要新创企业实施技术和商业模式的混合创新模式。在目标、流程、要素、能力等方面,技术创新与商业模式创新都是一体的,两者共用同一套资源体系和共享相同的业务活动流程,共振耦合是两者存在与共演的内在机制(戚耀元等,2016)。王金凤等(2019)认为,技术创新与商业模式创新是后发企业实现颠覆式创新的两个相辅相成的关键性变量,技术创新成果通过商业模式创新实现经济价值转化,且技术的深入研发需要商业模式给予经济支持。反之,商业模式创新各要素的投入均需要相应技术的支撑。后发企业在实施颠覆式创新过程中,技术创新与商业模式创新在技术、经济、关系双向嵌入的基础上，通过商业模式战略层面创新先行引导技术模仿创新、商业模式运营层面创新与技术集成创新同步推动、技术原始创新先导商业模式获利层面创新跟进的耦合模式，首先产生黏合效应，继而产生协同、溢出效应，从而使耦合状态逐步升级，推动后发企业逐步占领市场实现颠覆式创新。纪慧生和姚树香（2019）结合多案例研究方法，从动态视角分析技术创新和商业模式创新协同演化，构建技术创新和商业模式创新协同演化模型，指出协同演化呈现"创新—调整—适应"等复杂的螺旋化发展过程，并提出技术创新和商业模式创新协同演化的三种机制：互动机制、学习机制、选择与反馈机制。同时他们还指出，单一创新虽然在一定程度上能为制造企业带来盈利，但是其作用和持续性均有限，技术创新和商业模式创新的有效协同是制造企业竞争力持续提升的关键。陈丹（2019）认为，企业技术创新和商业模式创新都属于一种非封闭式的开放创新体系，通过与外部体系进行信息置换产生的负熵可以进一步抵消企业创新体系的熵增量。而企业的技术创新和商业模式创新的有机匹配可以产生一定的协同效应，进一步降低创新体系熵值，使企业朝着创新有序化的方向发展。喻登科和严影（2019）通过问卷调查获取的数据，验证了技术创新与商业模式创新之间的相互作用关系及两者交互作用对企业竞争优势的积极影响。结果表明：两者在整体上具有较强的相关性，但它们之间的互促作用需要达到一定的门槛值后才能显著呈现；两者不仅是竞争优势的重要前因，而且它们对企业竞争优势的正向交互效应也得到了验证。卑立新和焦高乐（2021）以互联网商业环境为背景探讨了两者之间的协同共演，他们认为基于数据流、资源流和生态流的要素有效连接了技术创新与商业模式创新，促进了两者的共同演化发展。全自强等（2022）以2014~2019年沪深A股成长期上市公司为后发企业代表，借助Word2vec的文本分析方法，基于公司年度财务数据度量后发企业商业模式创新水平,实证研究在后发企业追赶过程中商业模式创新、技术创新以及两者匹配性与企业绩效间的作用机制,结果表明,对于后发企业而言,商业模式创新与技术创新为互补关系,而非互替关系。

二、商业模式创新与企业绩效

商业模式各要素涉及企业的价值提供、资源规划、网络合作、成本支出与盈利等,在阐释企业绩效提升方面扮演重要角色(Aspara et al.,2010)。鉴于此,有关商业模式创新与企业绩效的关系的相关文献汗牛充栋,其中绝大多数文献都证实了商业模式创新对企业绩效的正向促进作用,也有一些文献持有不同观点。

1. 商业模式创新能够促进企业绩效提升

一些学者从企业所处行业或生命周期阶段的角度考察商业模式创新对企业绩效的积极效应。比如,Amit 和 Zott(2001)考察了59 家美国和欧洲电子商务上市公司的价值创造过程,发现电子商务通过实施跨边界的与顾客、供应商和合作伙伴的新交易结构和机制(新的商业模式)来创造价值。两位学者又在 2007 年从创业企业商业模式设计角度,采用验证性因子分析方法,分析了创新导向型(新颖型)和效率导向型(效率型)商业模式设计对创业企业绩效的影响,结果表明创新导向型商业模式设计对创业企业绩效具有显著影响。Brettel 等(2012)在 Zott 和 Amit(2007)研究的基础上,将关系营销整合到商业模式设计的理论模型中,并将创业企业的生命周期阶段作为调节变量,采用结构化方程方法,验证了效率导向型商业模式设计通过关系营销途径能显著提高企业的绩效。效率型和新颖型商业模式创新都能促进财务绩效。市场不成熟和不正当竞争会加强效率型商业模式创新对财务绩效的促进作用，而不正当竞争会削弱新颖型商业模式创新对财务绩效的促进作用（蔡俊亚、党兴华，2015）。罗兴武等（2017）直接以512家中国新创企业为样本，结合合法性视角与商业模式理论，探讨商业模式创新对于新创企业绩效的影响机制，并分析政策导向的调节作用和合法性的中介作用，结果表明：商业模式创新正逐渐成为互联网时代新创企业成长战略实施的重要载体。商业模式创新作为市场导向型创新可能给企业带来先动优势，而制度理论指出创新性高的新创企业可能面临合法性障碍。商业模式创新能够显著促进合法性以及新创企业绩效的提升，组织合法性在商业模式创新和新创企业绩效之间起到部分中介作用，政策导向权变影响商业模式创新与合法性的关系，商业模式创新与政策导向的交互效应通过合法性间接影响创业绩效。而对于后发企业而言，商业模式创新与技术创新两者间的匹配性对后发企业绩效提升具有增强型交互作用（仝自强等，2022）。常禾雨等（2017）认为以BOP市场为导向的商业模式创新能够显著促进制造业企业绩效的提升，且其各个构成维度对制造业企业绩效还具有非对称的正向影响作用。其中，面向BOP市场的价值主张与价值实现维度对企业绩效的贡献最大。许敏和姚梦琪（2018）同样聚焦制造业企业，他们认为商业模式创新和技术创新都可以增加制造业企业绩效，说明创新是企业提高核心竞争力、维持长远发展的必经之路。相对于技术创新，商业模式创新对制造业企业绩效的影响作用更加显著，表明商业模式创新涉及范围广，可以短期内对市场变化做出反应，有效激励制造业企业价值产出。技术服务型企业的商业模式创新有助于释放产品创新潜能，但效率型商业模式创新只会促进处于成长阶段和适度运行规模下的企业的创新绩效。只有在产品技术创新的基础上实现新颖型商业模式才是难以模仿的创新，才能维持长期的创新绩效。因此，资源获取在产品创新、商业模式创新与创新绩效之间具有调节效应，即只有关键互补资源才能真正提高对创新绩效的促进作用（蔡瑞林、姚延婷，2020）。而丁宁和丁华（2020）运用实体零售的上市公司数据，对全渠道商业模式创新如何影响实体零售经营绩效进行理论分析，运用实体零售开展全渠道商业模式创新时间的差异构建双重差分模型，实证分析实体零售全渠道商业模式创新对经营绩效的影响。进一步的微观作用机制分析表明：全渠道商业模式创新对实体零售的市场价值、盈利能力和运营效率均产生显著的影响。安宇飞（2021）则是关注商贸流通企业，他探究了商业模式创新对商贸流通企业绩效的影响及竞争环境的调节作用，认为新颖类商业模式创新、效率类商业模式创新正向作用于企业绩效。竞争激烈程度弱化新颖类商业模式创新对企业绩效的正向作用，但强化效率类商业模式创新对企业绩效的正向作用。制度履行失效程度弱化商业模式创新对企业绩效的正向作用。企业内学习负向作用于新颖类商业模式创新。企业内学习、企业外学习正向作用于效率类商业模式创新。企业外学习正向作用于新颖类商业模式创新。综上，现有研究侧重于单个因素在两者之间的"桥梁"作用，而较少关注商业模式创新内在特征对企业绩效的联动效应。

也有一些学者构建特定模型或基于某种独特视角论证商业模式创新对企业绩效的积极效应。如刘笃池（2017）基于管控模式视角研究得出：商业模式创新有助于企业集团的下属企业提升经济绩效，集团管控模式的不同将导致下属企业商业模式创新绩效的差异。具体而言，商业模式创新强度的增加能显著提升企业集团下属公司的经济效率，分权化的 M 型企业集团下属公司能获得比集权化的 CM 型企业集团下属公司更高的商业模式创新绩效。在市场发展相对落后的地区商业模式创新的绩效更高。同时，服务业企业商业模式创新绩效更高。李鸿磊（2019）通过构建"商业模式创新—二元创新—企业绩效"的细分变量研究模型，对 256 家中国企业进行了实证检验，发现效率型商业模式创新与企业财务绩效正相关；新颖型商业模式创新与企业财务绩效和市场绩效正相关，且对企业市场绩效的正向影响更强。开发性创新在效率型商业模式创新与企业财务绩效之间起部分中介作用。探索性创新在新颖型商业模式创新与企业财务绩效之间起完全中介作用。探索性创新在新颖型商业模式创新与企业市场绩效之间起到部分中介作用。而李武威等（2019）采用Meta分析方法研究发现了商业模式创新对提升企业绩效发挥着显著的促进作用。相对个体主义国家文化、在位企业和发达地区，集体主义国家文化、新创企业和发展中地区更有益于商业模式创新提升企业绩效。效率型商业模式创新相对新颖型商业模式创新更有益于提升企业绩效。相对于企业财务绩效，商业模式创新更有益于提升企业非财务绩效。徐青（2019）以261家企业为研究样本，构建了政府支持、商业模式创新与企业创新绩效之间的动态交互机制模型，实证检验了政府支持、商业模式创新与企业创新绩效之间的作用效应。研究结果表明：政府支持对企业创新绩效具有显著的促进效应，企业创新绩效对政府支持具有激励效应。商业模式创新对企业创新绩效具有正向提升效应，企业创新绩效对商业模式创新具有促进效应。政府支持、商业模式创新与创新绩效之间具有交互效应。政府支持和商业模式创新对高新技术企业创新绩效的提升效应大于传统企业，政府支持和商业模式创新对国企创新绩效的提高效应大于民营企业。

还有一些学者重点从商业模式设计角度考证了商业模式创新对企业创新的积极效应。Zott和Amit（2002）直接探索了商业模式设计对核心企业获取市场价值的影响。研究结论表明：商业模式设计越富有效率、越新颖，核心企业获得的市场价值越大。Weill等（2005）则把商业模式分为16个类型，用TobinQ、ROIC等财务指标衡量企业绩效，对商业模式和企业财务绩效进行了实证分析。研究发现：在衡量企业的财务绩效时，商业模式相较于产业分类来说是一个更好的指标，并且有些商业模式的确好于另外一些商业模式。而 Zott 和 Amit（2008）从产品市场战略和商业模式的匹配性入手，采用验证性因子分析方法，验证了与创新导向型商业模式相匹配的产品市场战略，即强调差异化、成本领先或早期市场进入，可以提高企业的绩效，并指出商业模式与产品市场战略是互相补充而非替代的关系。庞长伟等（2015）认为整合能力通过提高组织变革和价值创造效率两个方面促进商业模式创新，而商业模式创新作为中间纽带将整合能力与企业绩效联系起来。企业的整合能力越高，越有利于开展商业模式创新，进而促进企业绩效的提高。结合数字经济背景，李文等（2022）分析了市场竞争驱动、数字技术能力、资源异质性、组织学习导向和营销黏性多个前因变量对制造业企业绩效的协同作用。在数字化转型背景下，商业模式创新是制造业发展的重要推动力，是制造业冲破束缚、打破现有局面，实现转型升级的重要手段。然而，企业在进行商业模式创新过程中往往会受到不可避免的一些条件约束和阻碍。在已有的市场竞争格局下，企业可以通过数字技术能力、资源异质性、组织学习导向和营销黏性来提高商业模式创新的有效性，进而助推企业高质量发展。

2. 商业模式创新不能促进企业绩效提升

有关商业模式创新与企业绩效的关系，也有学者提出不同观点。比如，Visnjic 等（2016）指出商业模式创新风险较高，并非总会提升企业绩效。当商业模式同时追求效率与新颖时，会对企业绩效产生负面影响。国内许多学者基于不同视角研究也证实了类似观点。如刘刚等（2017）立足资源基础观，考察企业资源、商业模式创新的时机和强度对企业绩效的影响作用。新兴电商模式和O2O商业模式的实践显示，并非所有的商业模式创新都能实现企业绩效的提升。商业模式的先动式创新和创新强度对企业资源和绩效的影响关系存在部分中介作用，企业资源水平的差异和在先动式创新及创新程度上的差异都会造成商业模式创新过程中的绩效差异。因此，企业在权衡商业模式创新的时机和强度时，要充分考虑自身的资源储备和对资源的配置能力。拥有资源优势的企业可以采取先发制人的策略，而资源水平较差的企业，不宜盲目开展先动式创新。李巍（2016）则基于双元能力视角，探讨制造业企业商业模式创新与经营绩效的内在联系，指出效率型商业模式创新与经营绩效呈倒"U"形关系。由于新颖效应，新颖型商业模式创新与经营绩效关系为"U"形。双元能力在效率型商业模式创新与经营绩效的倒"U"形关系中、新颖型商业模式创新与经营绩效的"U"形关系中都发挥正向调节效应。而洪进等（2018）运用176家新创企业数据实证分析发现：新颖型和效率型商业模式对创新绩效正向显著，但平衡型商业模式对创新绩效没有显著影响。交互型商业模式负向影响创新绩效。周丹等（2019）基于权变视角与企业网络视角，剖析效率型、新颖型服务商业模式创新与利用式、探索式技术创新匹配对制造企业绩效的影响效应，指出新颖型服务商业模式创新与利用式技术创新组合匹配能够积极提升企业绩效，而效率型、新颖型服务商业模式创新与探索式技术创新组合匹配对企业绩效却具有抑制作用。

三、商业模式创新与社会责任

企业社会责任与商业模式创新一直是企业管理领域的热点议题。商业模式创新为企业履行社会责任提供经济基础（Halkos and Skouloudis，2018），企业社会责任正向影响商业模式创新（Martinez-Conesa et al.，2017），两者相融共生（Lupini，2016）似乎已经成为理论共识。目前，商业模式创新中必然包含着企业社会责任的因素，目的是适应复杂的竞争环境，谋其核心竞争力，追求企业长远的发展。而企业承担社会责任提高了社会影响力、培养了企业文化，必然对企业的长远发展有利，然后达到商业模式创新的目的，两者可以相互促进、共同发展。因此，脱离了企业社会责任的商业模式创新徒有其表，无法为企业发展提供支持；脱离了商业模式创新的企业社会责任则无法渗入企业日常的经营活动中，无法发挥出它应有的作用，生命力不长（杨兴龙、刘文璐，2018）。

当前多数相关文献也聚焦在两者的相互融合和相互匹配上。商业模式创新与社会责任的融合带来社会效益与经济利益的平衡，实现企业可持续发展（齐义山、黄忠东，2014）。王雪冬等（2019）指出企业社会责任并不是单线程嵌入商业模式创新，两者之间存在着相互循环促进的关系。商业模式创新最初并不必然需要企业社会责任的嵌入，但成功的商业模式创新会引发企业社会责任意识觉醒，使企业进入社会责任萌芽阶段。然而商业模式创新并不会形成企业社会责任嵌入，而缺乏企业社会责任嵌入的商业模式创新容易走向失控。企业生存危机才是企业社会责任嵌入的触发器，借由企业生存危机的中介作用，企业完成从社会责任萌芽到社会责任嵌入的过渡。企业社会责任嵌入有助于商业模式创新形成更为稳健的成长空间、结成更为广阔的利益共同体、回归合理的商业利润，从而提高商业模式的稳健性，是商业模式重塑的前提。商业模式创新与社会责任不同要素间不是随意融合的，两者要素需要匹配。毛倩等（2021）采用模糊集定性比较分析方法，研究商业模式创新与社会责任不同要素匹配的构型，结果发现企业实现高绩效有三条路径：①商业模式创新中价值创造创新可以与社会责任中的环保责任相结合，②商业模式创新中价值创造和价值捕获创新可以与社会责任中的员工责任履行相结合，③商业模式创新中价值传递创新可以与员工及慈善责任相结合。他们同时指出商业模式创新与社会责任相融合是企业提升绩效、获得长久竞争优势、实现可持续发展的重要途径。

一些学者通过案例研究法对社会责任与商业模式创新的关系展开深入探讨。如毛蕴诗和王婧（2019）通过对老板电器的案例分析，从企业实践方面证实了上述观点。老板电器通过不断扩大利益相关者的范围，触发其将社会责任和商业模式创新相融合，通过持续推进绿色产品创新履行社会责任，它的绿色产品和绿色解决方案也获得了市场的高度认可，从2012年起连续6年净利润复合增长率达到40%。长青等（2022）基于对伊利集团乳品业务的纵向案例分析，认为可以构建一个整合性的理论模型，清晰刻画社会责任驱动商业模式的具体过程，揭示商业模式创新的内在机制及创新路径，研究指出在商业模式创新过程中，企业通过社会责任的嵌入提高了社会合意度，并重新整合、建构了自身的价值体系，实现由社会需求型商业模式到技术驱动型商业模式再到共享开放型商业模式的不断跃迁。社会责任的不断进阶为企业商业模式的构建创造了情境要求，急需组织范式变化以重新实现合法性与资源行动之间的相互匹配，并依托合法性对有限资源进行完善配置，为新商业模式的形成提供更广阔的发展空间。将传统商业模式创新理论的研究情境拓展到社会责任领域中探讨，既能提炼出商业模式创新的演化路径，又可打开企业社会责任驱动商业模式创新过程的"黑箱"。王雪冬（2022）用探索性多案例研究对企业社会责任与商业模式创新共毁现象进行了分析，研究表明企业社会责任与商业模式创新的互噬过程由攀附期、互吸期和共毁期三个阶段构成，企业社会责任对商业模式创新有加速效应和风险放大效应，商业模式创新为企业社会责任的履行提供必要经济基础，但失控的商业模式创新也会造成巨大的企业社会责任灾难。企业家的规模情结触发企业社会责任与商业模式创新的互吸，企业家失控则造成企业社会责任与商业模式创新的共毁。

四、商业模式创新与可持续发展

随着研究的进一步展开，可持续发展逐渐成为商业模式创新效果的重要研究内容，主要包含组织的可持续发展与生态系统的可持续发展两个部分。组织的可持续发展观指出，组织通过可持续商业模式创新，积极寻求同时实现企业经济目标和自身的可持续发展目标的商业解决方案，以应对外部环境所带来的危机与挑战（肖红军、阳镇，2020）。具体来讲，受到多重内外部因素的影响，如预期绩效、社会影响、成本与安全性等，企业选择将大数据分析、物联网与区块链技术等责任性数字化技术创新作为一种可持续创新工具，嵌入现有的商业模式（Kilintzis et al.，2020），在有效减少商业活动对环境和社会的不良影响的同时，提高商业模式社会价值创造，并最终使企业财务绩效得到显著提升。反过来，企业也需要具备相应的动态能力来面对技术、战略和操作层面的驱动力与阻碍（Bocken and Geradts，2020），并保持与外部利益相关者的互动与协作，以实现可持续商业模式创新。生态系统的可持续发展观指出，生态系统内的利益相关者应该以更宏观的共同利益为导向联合行动，为社会或环境带来积极的或能显著减少负面影响的创新（Velter et al.，2020），这种积极的影响再反馈到生态系统内的各组织个体，使他们获得财务的可持续增长。在生态系统视角下，商业模式总是嵌入社会技术环境，组织作为单一个体实现商业模式创新具有一定的难度，需要具备有效管理多重紧张关系的能力，以实现生态系统的整体可持续发展（Stubbs，2019）。具体而言，从宏观上把握经济、社会和环境方面的紧张关系；从微观企业角度来看，重视价值创造与价值获取、共同价值与个人价值以及获得价值与失去价值之间的紧张关系（Oskam et al.，2021）。在此过程中，生态系统内的利益相关者需要在规范、工具和战略层面做到一致，调整各自的边界以实现商业模式创新，从而对社会、环境、生态与经济多个维度产生积极影响，如杨玄酯等（2021）从设计思维理论出发，探讨商业模式设计对可持续导向创新绩效的影响机制。研究表明：新颖型和效率型商业模式设计对正式与非正式知识治理均产生显著正向作用，并提升可持续导向创新绩效。随着研究的逐步深入，在高质量发展背景下，杨玄酯等（2023）又基于扎根理论，遵循"思维—行为—结果"逻辑，推演商业模式设计对可持续导向创新绩效的作用路径，即商业模式设计—知识治理—可持续导向创新绩效。研究结果发现：商业模式设计体现的微观、中观和宏观结构层次与知识治理体现的显性和隐性维度，以及可持续导向创新绩效体现的基础性、发展性和增值性之间均具有对应逻辑关系。

五、简要述评

商业模式创新已经成为许多企业追求可持续发展和获取竞争优势的重要策略，特别是在新兴市场的发展中。因此，商业模式创新的经济后果对于企业和政策制定者来说至关重要。通过梳理和归纳相关文献可以发现，现有文献主要关注商业模式创新对技术创新、企业绩效、可持续发展、公司治理和社会责任等的影响，并认为商业模式创新可以带来新的商业机会、更高的收益、更好的竞争力及更广阔的市场空间，同时也存在着增加企业财务风险及代理成本，加剧信息不对称等负面经济后果。自党的十八大以来，我们国家一直高度重视实体经济的高质量发展工作，而作为实体经济微观主体的企业，其高质量发展不仅是实体经济高质量发展的重要组成部分，而且是实体经济高质量发展的关键基础支撑。如何通过商业模式创新实现企业高质量发展逐渐成为学术界和实业界关注的焦点。尤其是在数字经济背景下，探究商业模式如何有效创新进而驱动企业高质量发展成为热点主题。然而，目前密切结合数字经济发展背景，探索商业模式创新如何驱动企业高质量发展的研究尚不多见，这为本书的研究提供了空间。

第三节 商业模式创新实现过程

商业模式创新不仅突破了既有理论的解释边界，而且有效补充了现有研究框架体系。学者基于不同的学科背景与应用场景对其展开研究，经过长期的论证与探讨，学界基本认同商业模式是企业价值主张、创造及获取价值的基础架构（Rachinger et al.，2019），阐释了企业创造及获取价值的逻辑（Amit and Zott，2001）；商业模式创新则是企业基于新商业模式，试图以新价值主张为利益相关者创造、传递及获取价值的组织变革过程（Casadesus-Masanell and Zhu，2013），是企业探索创造与获取价值的新方法、新逻辑。商业模式创新具有价值创造潜力和战略相关性（杨俊等，2020；张志朋，2020；王烽权、江积海，2023）。商业模式创新在数字经济时代特别盛行（Amit et al.，2022）。各式各样的数字技术推动了商业模式的创新设计，既为价值网络内的所有利益相关者创造了价值，又使焦点企业能从中获取价值（乔晗等，2021；杨俊等，2020；姜尚荣等，2020）。最近的研究发现，商业模式创新可以促进经济可持续发展，减轻相关的环境负外部性（肖红军等，2021；Bocken et al.，2020）。还有研究进一步指出，商业模式创新有助于企业创造、传递和获取价值，以及提高竞争力（汪寿阳等，2015；乔晗等，2021；王福等，2021；邢小强等，2019）。依据 Damanpour（1996）的观点，创新往往意味着组织流程等要素的重整，而企业的商业模式创新往往会通过持续的资源重整、流程优化与模式调整等途径构建新的经营逻辑。近年来，众多学者基于不同研究视角围绕商业模式创新的实现机制与实现路径相关主题展开了较为广泛的探讨。

一、商业模式创新实现机制

学者主要从组成要素、创新程度和步骤阶段三个视角展开有关商业模式创新实现机制的具体研究。

1. 组成要素视角

"从无到有"即要素投入及要素配比关系变化创造了新的商业模式(朱太辉等,2022)。商业模式组成要素是商业模式创新的主要抓手,学界对于商业模式的构成众说纷纭,数量从三个到九个不尽相同,但基本认同产品、目标客户群体、合作伙伴关系及成本与收入模式是其关键构成要素。各种要素在商业模式中发挥的作用各不相同,任何组成要素的任何变化都可以成为商业模式创新的一种形式,组成要素间交互关系的变革也可能催生出系统性更强、价值更高的商业模式创新(Demil and Lecocq, 2010)。一般而言,单一组成要素的变化将带来较为简单的商业模式创新,在多要素同时变化的情境中往往还会伴随着要素间关系的变革,触发更为复杂的商业模式创新(Taran et al., 2015),而这种多要素联动的综合商业模式创新方法往往能够克服单边创新的弊端(Zhang et al., 2016)。

Davila 等(2005)在其著作中细致阐释了基于目标顾客、价值主张及供应链三要素创新商业模式的方式,具体包括开发尚未触及细分市场中的新用户、研发新产品或拓展现有产品价值从而优化价值主张、改进合作关系,进而改善价值创造与传递等方式。Zhang 等(2016)则基于商业模式创新是商业模式功能变革的基本观点,更为具体地构建出核心产品、目标市场、操作程序、价值分配准则和价值链解构五个商业模式组成要素与价值创造之间的函数关系式，从而基于商业模式组成要素具体功能及其变化的视角，分析商业模式创新的过程与机制。

商业模式是企业创造与获取价值的逻辑和架构（Zott et al., 2011），数字经济背景下，数字化情境为新价值创造与获取提供了更多可能性，价值要素的重要性越发凸显（Keen and Williams, 2013；Linde et al., 2021）。价值要素不仅是商业模式概念的核心，更是数字经济时代数字化商业模式概念的关键组成部分。因此，张敬伟等（2022）在价值主张、价值创造和价值获取三个维度划分的基础上（Rachinger et al., 2019），探讨数字化对商业模式价值要素的影响，解析数字化商业模式的内在机制。他们认为表征、连接和聚合作为数字化的三个基本过程（Adner et al., 2019），能够赋予价值要素以新数字化优势和潜能。数字表征、连接和聚合过程融入数字技术可编辑性、超连通性和生成性等关键属性，能够改变企业价值主张、价值创造和价值获取内容及方式，使商业模式呈现出数字化、网络化和智能化新态势。

2. 创新程度视角

商业模式创新是企业重要的创新实践，因此众多学者基于创新程度对其展开分析。总体来看，现有研究从创新程度出发，将商业模式创新划分为渐进式与颠覆式，两者在创新目标、资源能力及不确定性等方面都存在着明显差异。一般而言，前者在保持经营逻辑、行业规则基本不变的情况下，对商业模式进行局部微调与改进；后者则需要变革企业经营逻辑，甚至涉及行业规则的重大调整（Cucculelli and Bettinelli, 2015）。Linder 和 Cantrell（2000）则对商业模式创新进行了更为细致的分类，即在不改变现有商业模式本质的情况下找寻新增长点的挖掘型创新、提升企业核心技能从而提高企业在曲线上位置的调整型创新、依据现有逻辑开拓新市场的扩展型创新及引入新商业逻辑的全新型创新四种。

Mezger(2014)着眼渐进式商业模式创新,运用实证研究方法,阐述了企业基于动态能力,通过持续的学习、试错与迭代完成商业模式创新的过程。近年来,技术与经济形态的快速发展为颠覆式商业模式创新创造了巨大空间,Velu(2015)基于129家创新企业的数据集,分析了企业通过合作及结盟的方式实现颠覆式商业模式创新的过程机制,并试图揭示出商业模式创新程度与新创企业存活率之间的关系。Benzidia等(2021)立足快速变革的汽车行业,基于破坏性创新的基本理论,通过渠道、价值主张及客户关系三个变量,更为细致地阐释了电动汽车业的颠覆式商业模式创新过程与混动汽车业的渐进式商业模式创新的过程。

3. 步骤阶段视角

立足这一视角的研究通常将商业模式创新这一动态的组织变革过程解构为不同的步骤或阶段,并以此为切入点,细致分析每一步骤的具体使命与实现工具。Osterwalder和Pigneur(2013)将商业模式创新过程分为环境分析、商业模式设计、组织规划与实施四个阶段,即企业在就技术、法律等基本问题达成共识后,利用商业模式画布描述创新后的商业模式并选择性地测试原型,然后依据测试结果完善具体流程与配套系统,最后付诸实践。Verhagen等(2023)基于生命周期理论,将商业模式创新的过程划分为发展/研发、执行/筛选、商业化三个阶段。Jin等(2021)从价值视角出发,认为商业模式创新通过价值驱动、价值目标选择、价值传递、价值获取、价值评估五个阶段实现,并据此开发出用于实施与评估商业模式创新的商业模式创新画布这一创新性理论工具。

Amit和Zott(2020)指出通过观察现有商业模式、综合并生成新解决方案、整合商业模式观点、评估可选方案并模拟最优项、创造匹配性、克服障碍并管控风险等具体步骤实现商业模式创新,并将其归纳为不断学习试错的构想、迭代和实施三步骤。Laudien 和 Daxboeck(2017)则基于生态系统的角度,将一般市场化参与者的商业模式创新过程分为调查商业模式在行业外匹配度、开发商业模式、开放商业模式、仔细思考商业模式创新四个步骤。这些连续的步骤间可能有所重叠,并非简单的线性关系,同时随着企业商业模式涉及主体数量的增加,交互关系越发复杂。

数字经济背景下,数据要素成为核心生产要素,商业模式创新实现机制也会相应发生改变。王丽平和张敏(2022)分析了三种商业模式创新的驱动机制:①以数据为支撑,连接共生构建价值生态驱动机制;②以数据为依托,快速迭代实现价值创造驱动机制;③以数据为基石,场景体验创造顾客价值驱动机制。

二、商业模式创新实现路径

实践中,企业商业模式创新的过程不尽相同(陈劲等,2022)。具体的实现过程不仅受制于企业特征,如所处行业及企业规模等因素,而且受目标导向所影响。尤其在数字经济背景下,商业模式创新实现过程还会因数字技术应用、数字平台等企业属性不同而存在差异。本书将基于企业类型、目标导向及数字经济时代三个视角梳理有关商业模式创新实现过程异质性的相关文献。

1. 企业类型视角

自 Timmers(1998)给出商业模式的相关定义后,由互联网技术驱动的电子商务类企业商业模式创新便成为早期学者研究的热点主题,有关其创新过程及价值创造的研究成果大量涌现。近年来,随着商业模式创新概念认可度与解释力的不断增强,学者开始以其为切入点,聚焦报纸业(Karimi and Walter,2016)、电子游戏业(Lantano et al.,2022)、医疗业(Oderanti et al.,2021)等特定行业内的商业模式创新与业态变革。

随着研究的逐步深入，开始有学者将研究视野转移至更为微观的企业年限或规模等特征，以此更具针对性地分析具有不同特征的企业商业模式创新。如以企业年限为分类标准，分别探讨既有企业与新创企业的商业模式创新过程（Trapp et al.，2018）。吴晓波和赵子溢（2017）梳理了商业模式创新对两者的不同意义，Amit 和 Zott（2020）具体分析了两者在实施商业模式创新时所面临的不同障碍及应对措施。此外，企业规模也是影响商业模式创新的关键变量之一，Müller 等（2021）基于实证研究结果，指出在工业 4.0 时代，中小企业应着重在商业模式创新的新颖性上发力，而大型企业在商业模式创新中应注重挖掘跨职能跨界的潜能。也有研究专门以中小企业为研究样本，分析其独特的商业模式创新过程。Cosenz 和 Bivona（2021）通过对现实企业案例的分析，探讨了动态商业模式构建对于中小企业特性的匹配度，以及如何作为精益战略设计工具创新相关商业模式。Luis 等（2015）透彻地分析了中小企业商业模式创新的具体过程及注意事项，并阐释了商业模式创新在创业导向与新品开发绩效间的中介作用。

2. 目标导向视角

目标导向指引着企业商业模式创新的进行，研究者以目标导向为视角有针对性地分析商业模式创新的过程，探索不同目标导向下商业模式创新的差异。Amit 和 Zott（2001）通过对欧美 59 家互联网企业商业模式的调查研究，发现高效性、互补性、锁定性与新颖性是互联网企业的价值创造源泉，也是商业模式创新的最终目标导向。他们将商业模式创新区分为效率型与新颖型的分类方式至今仍广为学界使用。同时，随着社会的发展变化，可持续发展逐渐成为企业的关键发展目标，商业模式创新作为实现企业可持续发展的重要途径之一，引起学界越来越多的关注（Evans et al.，2017)。Geissdoerfer 等(2018)认为实现可持续性商业模式创新的过程具体包括确定全新的可持续性价值主张或价值获取，并将全体利益相关者的需求融入价值创造过程。Klein 等(2021)以 167 家德国制造业企业为例，阐述了可持续性目标推动商业模式创新过程的具体机制及对创新过程的具体影响。

在高质量发展背景下，提升企业可持续导向创新绩效目标成为学界关注的焦点。杨玄酯等(2023)基于扎根理论，以六家企业为例，遵循"思维—行为—结果"逻辑，推演商业模式设计对可持续导向创新绩效的作用路径，即商业模式设计—知识治理—可持续导向创新绩效。研究结果说明：商业模式创新可以通过知识治理路径实现可持续提升企业创新绩效的目标。张璐等(2022)运用探索性单案例研究方法，分析小米公司在商业模式迭代更新过程中价值主张的形成，并揭示基于价值主张演变的商业模式创新路径。基于价值主张的演变商业模式经历了"市场需求型商业模式—用户参与型商业模式—技术创新型商业模式"的更新迭代过程。

3. 数字经济时代视角

数字经济时代，企业的价值创造机制逐渐从过去的单独创造转为多主体之间的互动创造(Vargo and Lusch，2016)，商业模式体现出服务化敏捷性与价值共创的集成(钱雨、孙新波，2021)。因此，服务化、价值共创等成为商业模式创新领域重点关注的主题(Markovic et al.，2021)。例如，Siebold(2021)以社会公益组织为例，分析了其合作伙伴、竞争对手、客户、政府等关键利益相关者如何创新多主体间创造、交付及获取价值的商业模式流程。

Sjödin 等(2020)认为，通过顿捷的微服务创新方法可以有效管理数字服务中的价值共创，这要求企业需要思考如何通过数字技术的持续应用带来新的商业模式以及与之对应的组织结构和流程变化的关系(Warner and Wäger，2019)。由数字技术触发的服务化与组织敏捷性的改观，为数字经济时代商业模式创新的来源提供了新的着眼点。

数字平台作为数字经济的主要载体和组织形式，同时也是商业模式创新战略的重点（刘汕等，2022）。其基于多主体参与和跨边界交互获得了伸缩性和扩展性，并重塑了既有产业链与价值链（Tiwana，2014）。与此同时，数字平台作为跨边界的价值共创载体，通过与消费者、互补企业、外部资源和社会技术系统产生紧密联结，塑造了全新商业形态。在消费互联网中，数字平台通过吸引消费者参与设计、生产和销售等环节，将消费者跨边界地嵌入价值创造过程，产生了良好的价值共创实践（姜尚荣等，2020）。而多边数字平台商业模式使多方通过数字技术互动、交流和商业交易成为可能。企业从商品主导逻辑转向服务主导逻辑，将外部利益相关者跨边界地嵌入平台生态，则成为商业模式创新的全新路径（杜勇等，2022）。

在数字经济背景下，技术嵌入是企业内化数字技术支撑数字化商业模式创新的重要策略。利用技术开发更有利于商业模式渐变创新，而探索式技术开发更有利于商业模式颠覆创新，如苏敬勤等（2021）基于飞贷金融科技的案例研究，发现数字化商业模式呈现出一条"流程信息化→渠道平台化→产品数字化→技术产品化"的进阶式演化路径，数字化程度相应呈现"类抛物线"的演变规律。

三、简要评述

近年来，越来越多的学者基于不同的视角分析商业模式创新实现过程，并涌现出大量有价值的研究成果。通过研读和梳理这些宝贵的研究成果可以发现，实现企业商业模式创新应重视两个方面：第一，厘清商业模式创新的实现机制，重视相关因素对实现商业模式创新的正向作用，如数字技术积累可供性对渐进性商业模式创新和颠覆性商业模式创新有正向影响，数字技术变异可供性对颠覆性商业模式创新有正向影响等；第二，对企业商业模式创新实现路径的选择同样是重要因素之一。目前多数学者认为，数字化是企业实现商业模式创新的重要路径，利用互联网技术创造商业模式是颠覆式的创新，是这个时代的主题曲（薛云奎，2022）。然而，聚焦数字技术的应用对商业模式创新的影响，探讨数字经济时代商业模式创新对企业高质量发展的影响机制及其实现路径的研究并不多见，这也为本书的研究提供了契机。

第三章

数字经济时代商业模式画布

第一节 数字经济时代商业模式的本质洞察

一、数字经济时代商业模式创新的内涵

随着互联网技术的快速发展,商业模式的内涵得到了学界和业界的广泛关注。在初期,商业模式仅仅是企业将自身的商业理念传达给投资者或其他利益相关者。随着组织市场竞争环境日益复杂,企业经营所涉及的利益相关方也日益多元,商业模式逐步成为组织用于有效分析与配置资源以应对动态复杂变化市场的竞争工具。根据商业画布理论,商业模式要素包含价值主张、客户细分、关键业务、核心资源、渠道通路、客户关系、重要合作、收入来源和成本结构九个要素,企业主要通过用户的价值增值反馈来实现企业价值增长。商业模式跨越核心企业与行业边界,本质为企业创造、传递并获取价值的基本原理,各要素之间相互依赖。其中,价值创造聚焦用户的消费体验,强调对多元化用户需求的满足;价值传递聚焦连接需求客户和企业的渠道网络,强调

对消费服务体系和生产供应体系的精准对接和联动；价值获取聚焦企业的竞争优势及收益绩效，注重对成本结构和收入的控制。

商业模式一直以来被视为企业创造价值及建立竞争优势的强有力工具，在21世纪新一轮科技革命的开展下，为建立更强大的战略竞争力，企业需要进行持续有效的商业模式创新以适应新的设计环境。具体体现：在动因层面，用户消费需求的变化、新兴技术的广泛应用及传统企业的发展困境，使进行商业模式的创新成为必然选择；在过程层面，数字经济时代下，企业基于大数据分析可清晰洞察用户的需求，用户画像不断完善，帮助企业实现需求拉动式产销发展；在结果层面，一方面通过改变"我知道、我喜欢、我推荐"等用户行为，进而提升用户的感知价值，另一方面通过对用户需求数据的挖掘，优化企业经营管理模式，创新商业模式，从而实现企业价值增值。

本书认为，数字经济时代商业模式创新是考虑数字经济背景，基于企业对用户需求识别的基础上，对企业资源、流程、结构及整体价值网络进行系统创新的过程，是企业通过构建新的逻辑以革新企业价值主张方式、变革企业价值创造方式和企业价值获取方式。价值主张是商业模式创新的起点，指组织向客户提供的价值，代表客户视角和市场需求，商业模式要实现创新，首先需要提出一种能够帮助用户解决问题的方案，为用户和业务阐清价值创造的逻辑。同时，企业还需要匹配好与该价值创造所相关的运营体系和关键资源（刘丰、邢小强，2023）。价值创造是指企业生产或提供满足目标客户需求的产品或服务，以及与之相关的一系列经营活动，从而在市场中谋求发展的商业机会（Chen et al., 2021）。在价值被创造出来后，企业需要通过实际的交易将价值传递到用户，这时就需要设计专有的交易结构和内容来实现价值的传递和分配，各交易主体得到各自的价值。价值获取是指企业的收益产生机制，主要解决商业活动怎样盈利的问题（Björkdahl,

2020)。在此过程中，企业需要估算自身的成本和利润情况，以便用高于成本的价格交付产品或提供服务并获得相应的商业价值。

二、商业模式创新要素

商业模式一直以来都是学界和业界研究的热点，但由于商业模式包含的因素较多，不同的研究角度得到的概念不同，至今对商业模式要素的内容没有统一的范式。本书借鉴Rachinger等(2019)将商业模式分为价值主张、价值创造和价值获取三个维度的基础上，基于商业模式要素的理论框架，总结商业模式创新要素。

商业模式要素的原始框架基于Osterwalder和Pigneur(2010)的"商业画布理论"，以"九大模块"的形式将商业模式划分为九大要素，包含价值主张、客户细分、关键业务、核心资源、渠道通路、客户关系、重要合作、收入来源和成本结构。其中：价值主张模块描述为特定客户群体提供为其创造价值的产品和服务，客户细分模块描述企业期望服务的目标机构和人群，关键业务模块描述为保障企业商业模式正常运行必须执行的重要事宜，核心资源模块描述为保证商业模式顺利运行必须具备的重要资产，渠道通路模块描述企业与目标客户群体如何达成并构建商业联系，客户关系模块描述企业针对目标客户群体所建立的客户关系类型，重要合作模板描述为保证商业模式运行企业所必需的供应商和合作网络，收入来源模块描述企业从目标客户群体中得到的现金收益，成本结构模块描述商业模式运营所花费的全部成本。这九大模块彼此之间互相联系，构成一幅完整画布。这一商业模式画布理论是商业模式实践中最重要的进步。

结合对"数字经济时代商业模式创新"本质内涵的洞察，本书对商业模式九大要素进行排列调整，使商业模式要素框架更加突出以"价值主张"为核心，清晰描述组织是如何创造价值及获取价值的过程，并将商业模式画布各要素进行定义阐释，如表 3-1 所示。

表 3-1　商业模式画布九大要素

要素名称		定义
价值主张		价值主张是指企业解决目标客户群体实际问题、满足潜在需求的承诺。这种承诺是针对细分客户群体设计的"特质"产品和"专属"服务，或者称之为"创新性的产品和服务"(王雪冬等，2014)
价值实现视角	客户细分	客户是商业模式的核心，是企业长久发展的必备要素。客户细分是指企业针对目标用户的不同需求，定义一个或多个的区分标准，对不同类别用户进行的有效划分(刘英姿、吴昊，2006)
	客户关系	客户关系描绘企业与细分客户群体之间建立的关系类型。根据获取、维系和增加销售额等动机，企业与客户细分群体建立不同的关系类型(杨永恒，2002)
	渠道通路	渠道通路具有向客户传达价值主张、协助客户对企业价值主张进行评估和设定以及提供售后支持等作用，用于描述企业如何与细分客户群体沟通、交流和互动其价值主张。这些构成企业与客户间的接触点，在客户体验方面有着重要作用(王朝辉，2003)
	收入来源	收入来源是指企业从不同客户群体中取得的现金收入。收入来源是业务的动脉，有助于企业了解自身财务情况，制定规范化的收入来源战略
价值创造视角	关键业务	关键业务是企业价值主张实现的业务保障。在一定程度上可以说，关键业务是核心资源和价值主张的具体体现，是连接企业与客户群体，关系企业最终收益的重要因素
	核心资源	核心资源是企业商业模式的关键，贯穿运营始终，是商业模式高效运转的驱动性因素。核心资源的发掘和利用保证企业从"价值主张"到"价值实现与创造"、从"产品服务"到"最终收益"的顺利进行
	重要合作	重要合作描述企业商业模式外部运营需要的合作伙伴、供应商等关系网络。合作关系的建立可以帮助企业获得资源、降低风险及优化商业模式，是商业模式的基石(李文莲、夏健明，2013)
	成本结构	成本结构描述商业模式涉及的所有成本。价值创造和价值实现产生收入的同时也产生成本。成本结构也是驱动商业模式改变的重要因素

参考表3-1商业模式九大要素内容，借鉴Rachinger等（2019）对商业模式类型的划分，本书认为，商业模式创新可以从企业的价值主张、价值创造和价值获取三个方面展开进一步的探究。

第二节 商业模式画布

一、数字化商业模式画布

2022年，《政府工作报告》指出要促数字经济发展，加强数字中国建设整体布局，促进产业数字化转型。企业数字化转型是指通过物联网、人工智能等新兴技术来变革新的商业模式，通过持续不断地与外部环境进行商业互动实现自身价值的转换，以获得创新发展动力。商业模式创新是企业应对动态环境变化、获取竞争优势的重要经济活动。数字经济背景下的商业模式创新增加了数据要素的使用，具有明显的数字化特征，致力于有效提升商业模式的创新效率（钱雨、孙新波，2021）。当前数字化转型企业在商业模式创新演化过程中，多通过数字化平台构建新的价值生态，提升利益相关者的参与度，通过多边参与并借助数据网络效应，有助于提升企业的价值创造效率，加速企业商业模式创新变革以实现突破式创新。

商业模式本质是为企业确定合理的价值主张，传递、创造并获取价值的基本原理，数字经济背景下的商业模式创新在价值主张、价值创造、价值传递和价值获取方面具有特征。具体体现：不同产品与服务代表着不同价值主张，企业通过跨界结合产品特性与服务要素创造新产品和服务以满足顾客需求，体现出不同价值主张的融合及新价值主张的产生（刘嘉慧、高山行，2021）。

数字经济的发展，催生出个性化价值主张、全生命周期价值主张、生态系统价值主张和社会价值主张四种革新的价值主张。在数字价值创造方面，相较于传统的价值创造，数字价值创造的设计涵盖了随着时间推移用户对组织和产品的体验变化，企业更多聚焦于用户个性化和多元化的需求表达。企业与用户之间通过数字技术建立起双向交互的桥梁，逐渐从商品导向逻辑向服务导向逻辑转变。数字技术赋予用户以更为主观和细致去表达自身偏好的能力，同时也赋予企业更加自由、有效地获取用户需求的数据，从而帮助企业更好地执行价值创造的服务流程。此外，在技术变革的社会背景下，行业内的众多公司纷纷将商业模式创新摆放在重要的战略位置，企业应及时准确地对行业战略转型需求进行识别。从生产端业务结构到新的市场领域，通过对自身资源的审查，并结合用户的需求端数据，逐步完善企业数字价值创造的设计。在价值传递方面，数字技术注重通过需求端和供给端传递信息的速度和精准度，使企业更为细致地了解用户需求的变化并进行资源的高效配置，从而实现价值的传递。数字技术下的价值传递，利用自身的连接性和可访问性，帮助企业与合作伙伴之间形成彼此依赖的关系，缩短用户反馈到交付的运行周期，保持不同活动主体间信息的动态一致性。同时，企业的日常管理活动也充分体现着这一理念的运用，形成数据驱动的运用管理模式。在价值获取方面，数字时代价值获取是指企业将自身通过数字技术运用所创造出的价值进行多主体分配的过程，包括将获取的收益分配给合作伙伴、用户及其他利益相关者。数字技术的运用促使合作伙伴、企业和用户之间紧密连接，资源直接交换及信息更加透明对称。因此，合作伙伴和利益相关者创造的价值预期不再完全由企业自身资源基础决定，而是更多地依赖用户。这种情境下，价值获取就体现为一种由客户价值大小决定的动态激励机制，有助于企业和参与者降本增效，增加基于多边的交互价值。数字特征商业模式画布如图 3-1 所示。

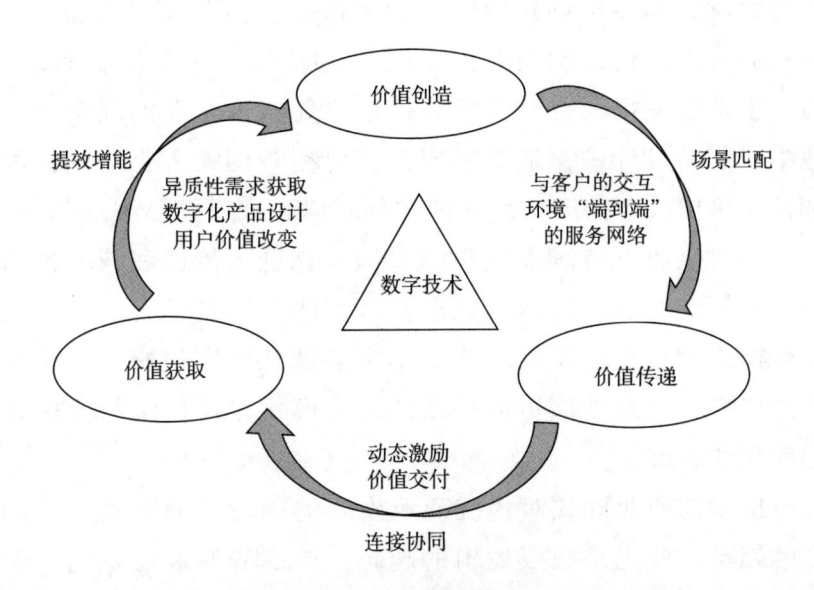

图 3-1 数字特征商业模式画布

（图中文字：价值创造、价值获取、价值传递、数字技术；提效增能、异质性需求获取、数字化产品设计、用户价值改变；场景匹配、与客户的交互环境"端到端"的服务网络；动态激励 价值交付；连接协同）

二、可持续商业模式画布

新兴技术的广泛应用，为商业模式创新带来了发展机遇，也涌现出了许多新型的商业模式，如以互联网和大数据为技术逻辑的互联网平台商业模式成为近年来最显著的商业模式创新（冯华、陈亚琦，2016）。数字经济背景下的商业模式创新推动着企业产品生产、制造、物流、消费及材料再利用往更加高效的方向进步，能够快速实现新技术的商业化应用，从而使企业的价值创造能力和水平跃升（吴晓波、赵子溢，2017）。然而，在新型商业模式创新为社会带来经济价值提升的同时，也产生了很多的社会问题，给社会公众利益甚至社会进步带来损害，这也倒逼企业不得不反思自身商业模式的价值创造模式问题，影响商业模式的可持续性创新发展。人们开始反思传统型的商业模式创新，并逐步探讨基于可持续发展和尽责创新导向下的可持续性商业模式创新。可持续性商业模式创新强调商业模式创新在实现经济价值可持续性的同时，主动性地将利益相关者和社会责任嵌入企业的战略决策和商业模式创新设计中，最终实现为多元利益相关方创造更大的环境和社会价值。可持续性商业模式创新以企业可持续发展为导向，充分融合对企业可持续发展贡献，探求创造、传递和获取价值网络的全面创新，涵盖经济、社会及环境的共享价值，从而成为未来商业模式大画布的发展趋势。本书尝试从底层逻辑、三重底线和企业战略三个视角探析可持续性商业模式相对传统商业模式的内涵深化和拓展。

可持续性商业模式对传统商业模式的逻辑导向和基本内涵具有多维超越。首先是底层逻辑的超越。传统的商业模式主要聚焦效率及竞争市场逻辑，可持续性新商业模式则是全面地转向涵盖市场和社会多元的混合制度逻辑，依托利益相关者理论，在为客户创造价值的同时，也为社会及环境创造价值，实现价值创造和综合价值与共享价值的共存。在可持续性商业模式的价值创造设计中，生产供应商对企业利益相关者负有责任，可持续消费的鼓励设计使客户需要为自身的消费和其他利益相关者承担责任。在价值获取层面进行经济成本和收益在参与者之间的适当分配，并考虑企业对于社会和生态的影响。从本质上讲，可持续性商业模式设计所有利益相关者的共同价值。其次是在价值创造过程中三重底线理念重塑的超越。可持续性商业模式认为三重底线要求，即经济、社会和环境底线应贯穿企业的交易结构和收支设计。以三重底线为标准定义价值创造绩效时，传统商业模式中的"成本—收入"经济价值导向逐步延伸至用户价值和社会环境价值层面上。除了积极的价值因素，三重底线视角还需要考虑和预防可能存在的负面结果，如利益损减、价值冲突、利益权衡等。最后从企业战略视角来看，可持续性商业模式是指将可持续性发展理念和社会责任理念纳入商业模式设计，致力于环境、社会与经济价值的有效连接和整合，将所有利益相关方尽可能地纳入价值网络，在价值分配时注重商业生态系统参与者的共享价值分配。

　　本书以可持续导向下的平台商业模式为例，来探究可持续导向下的平台企业商业模式的新价值逻辑与画布建构。在可持续导向下，平台商业模式向可持续商业模式转型，其商业模式要素内涵及价值实现方式会发生一定程度的改变。具体来看，首先在价值主张维度上，平台企业的价值主张会更加关注社会环境层面的价值，而不是单纯的经济价值，旨在反映嵌入社会的思考逻辑及企业与环境的价值互动，向市场提供同样可测量的社会和环境价值。其次在价值创造维度上，可持续导向下的企业重点关注自身的价值创造网络是否包含具备多元价值偏好的利益相关方。从社会环境网络嵌入涉及的多元利益相关方角度，包括经济性利益相关方和社会性利益相关方，来描绘具有经济、社会与环境的多元价值，包括互动、体验、交易与场景价值，以及对用户、社区及政府等利益相关方做出实质性贡献。最后在价值获取维度上，平台企业为经济、社会及环境等多元利益相关方获取价值，将个人和社会层面的价值获得作为价值创造的目标，意味着涉及多元利益相关方的多层面也可以获取超出纯经济收益的价值，该价值被定义为共享价值（金林煌，2019），实现更多层面的可持续综合价值和共享价值的创造。平台可持续商业模式是将可持续理念与社会责任理念统一纳入商业模式的设计中，将所有利益相关者纳入组织打造的价值创造网络，将社会、环境与经济价值进行有效整合，将整个平台参与者共享价值剩余，最终创造实现包含经济、社会与环境的综合价值和共享价值。本书借鉴阳镇和陈劲（2021）以及肖红军和阳镇（2020）等已有研究和分析的基础上，尝试构建可持续商业模式画布，如图3-2所示。

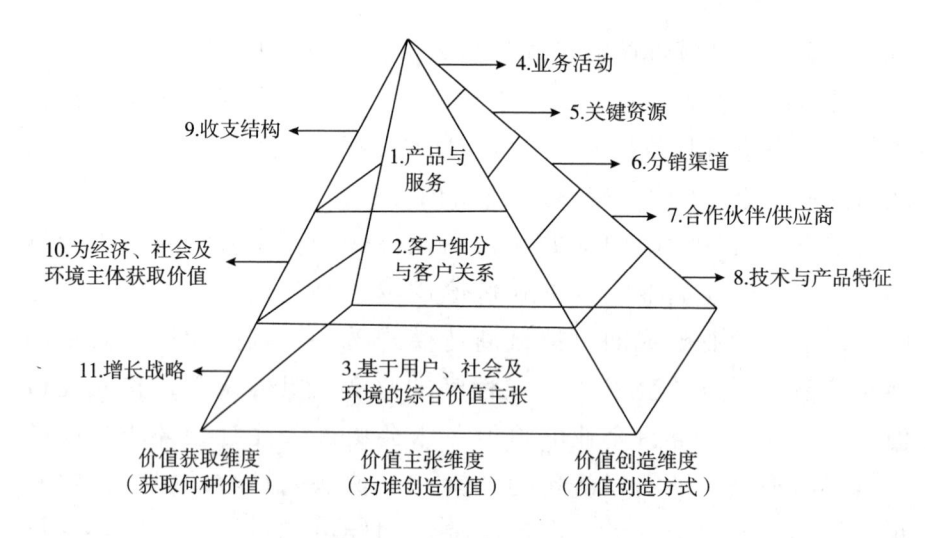

```
                    ←4.业务活动
                    ←5.关键资源
9.收支结构←  1.产品与
            服务      ←6.分销渠道
                    ←7.合作伙伴/供应商
10.为经济、社会及  2.客户细分
  环境主体获取   与客户关系   ←8.技术与产品特征
  价值

11.增长战略←  3.基于用户、社会及
            环境的综合价值主张

价值获取维度    价值主张维度    价值创造维度
(获取何种价值)  (为谁创造价值)  (价值创造方式)
```

图 3-2　可持续商业模式画布

三、数字经济时代可持续性商业模式画布实现场景

有效的商业模式是基于特定时空、特定情感价值元素和特定用户画像的一系列价值创造活动，商业模式设计的核心逻辑是寻求合意的商业模式场景（江积海，2019；李鸿磊、刘建丽，2020）。本书基于场景理论中的"时空—人物—产品"逻辑框架，设计出数字经济时代基于可持续导向的商业模式画布场景。聚焦三大层面，首先聚焦时空，企业的价值创造系统追求价值创造在不同时空维度的可持续性；其次聚焦用户（人物），针对不同类型的用户画像，企业设计出不同的商业模式；最后聚焦产品（服务情感类元素），针对全生命周期内的产品和服务资源管理，企业设计相应的商业模式。依据以上三大层面的商业模式，设计聚焦组织——社会企业和共益企业组织场景，聚焦用户异质性需求——金字塔底部场景，聚焦产品全生命周期——循环经济场景。

1. 聚焦组织：社会企业和共益企业组织场景

可持续性商业模式与组织类型和性质相关，其中日益兴起的社会企业和共益企业逐渐成为社会创新的重要组织载体，由此形成聚焦组织导向下的重要组织时空场景（谢家平等，2016；肖红军等，2019）。社会企业是介于非盈利企业和盈利企业之间的混合型组织，以社会价值创造为主要经营目标，在日常的运营管理中嵌入市场逻辑。不同于商业企业追求利润最大化，社会企业倾向聚焦公共教育、医疗保健及针对弱势和残疾用户的特定产品和服务，在传统市场提供不足或存在相应盲点的区域提供服务（Jamali and Neville，2011）。社会企业的资本通常主要来源于政府部门、天使投资基金及慈善机构，以社会价值创造为首要目标的同时考虑一定的经济目标。由此，社会企业下的可持续商业模式设计应以社会创新为导向，推进具有社会目的的产品和服务创新来实现社会创新。基于共益企业的可持续性商业模式设计场景，既不只聚焦经济价值创造，也不单纯关注社会环境价值创造，而是基于多重制度逻辑打造组织的综合均衡型价值主张。共益企业在价值创造主体层面将商业组织的价值创造网络嵌入进组织的价值网络生态，在价值分配主体层面同时将组织内部的价值共创者纳入。共益企业场景中的价值主张具有公共属性，企业的利益相关方包括社会整体，用于价值创造的资源也源于公共利益相关方，共创社会价值和共享价值。

2. 聚焦用户异质性需求：金字塔底部场景

传统商业模式受市场逻辑主导，企业将具有更高利润的高端市场作为自身产品和服务的对象，其商业模式设计的场景也多基于已有商业模式进行增量调整，服务高收入市场。按照金字塔理论，传统商业模式设计更多地将金字塔上层人群的需求作为目标中心，忽视金字塔中下层的市场需求（杜松华等，2018）。实际上，金字塔中下层群体占人口总数的多数，"金字塔底部"概念认为，关注中下层群体的需求，调整企业的商业模式创新设计，其创造的价值将不止基于市场逻辑导向创造的经济价值，能够通过改善部分群体的社会能力和生活质量进而创造更多的社会价值。"金字塔底部"是重要的可持续性商业模式设计场景（杜松华等，2018），在该场景下，企业为提高中下层群体的生产能力提供相应的产品和服务，通过相互学习、相互创新和相互适应，中下层消费群体不仅仅作为消费者，而是进一步转变为企业生产者和价值共创的合作伙伴，提升自身的谋生能力，形成企业与中下层群体之间良性循环的价值创造网络，在解决市场需求的同时创造更大的社会需求，最终获取更大的经济和社会价值（邢小强等，2019）。

3. 聚焦产品全生命周期：循环经济场景

在循环经济场景下，企业可持续商业模式设计基于资源的稀缺性和有限性假设。企业通过自身资源管理和商业模式构建，基于有限的资源创造最大的价值，实现组织资源流的管理。循环经济意味着企业应将资源流动、排放、损耗及浪费等降至最低，使资源在较长时间内保持最高价值，这样一来，循环经济会对产品和服务的全生命周期逻辑产生很大改变。循环经济是实现可持续发展的关键路径，为尽可能长时间地保持产品的可使用性，并可以进行修复、再利用和再循环等活动，商业模式设计中就需要对产品商业化、消费方式进行更改，使整个系统和部分能够进行高效的切换和协调，并考虑整个价值传递的商业系统和各利益相关方对产品和服务体系进行资源管理，从而创造收入。可持续商业模式在此场景下可以采取两种策略，（Franco，2019），一是通过延长产品生命周期、使用便于修复的资源循环设计的策略，二是通过产品回收利用延伸产品价值的策略。基于"产品设计、生产、服务与回收利用"的全生命周期及资源损耗最小化,循环经济场景下可持续性商业模式创造更高阶的综合价值(刘宇熹、谢家平,2015)。

上述三种场景分析分别具有不同的商业模式设计价值导向、价值创造过程及侧重点。在理论层面也难以得到具有普适性的可持续性商业模式设计场景理论。在实际经营中,企业所处的场景各不相同,不同的企业应基于自身的战略框架和已有的商业模式基础,选择或者变更相应的设计场景。

第三节 数字经济时代商业模式衍生创新

一、数字经济时代商业模式衍生创新类型

在大数据、人工智能和云计算等新兴技术高速发展的数字经济时代下,企业面临着广泛的发展机遇。有效的商业模式将成为该背景下企业实现数字化转型和竞争优势的关键因素(Bashir and Farooq,2019;任碧云、郭猛,2021)。尽管数字技术、外部环境竞争等因素能够在一定程度上影响商业模式创新,但难以准确揭示企业进行商业模式创新的具体影响逻辑。根据社会心理学研究,个体的行为特征经常会受到群体其他个体的影响,即"同群效应"(谭娅等,2021),管理学上的研究也表明,企业的经营决策行为往往会受到同群效应的影响(Cao et al., 2019)。商业模式创新是企业一种探索性的变革行为,其在决策制定、实施和结果方面都存在较高的不确定性。同群企业指的是处于相同或相似行业和市场环境的企业,彼此观察学习且相互竞争。焦点企业常关注和模仿同群企业的商业模式创新活动,以调整自身决策行为。企业可

以通过学习和借鉴同群企业的商业模式创新决策行为来降低变革的不确定性，提高自身的行业竞争力。此外，同群企业的商业模式创新会影响焦点企业的创造型认知。同行企业的学习、模仿和竞争，使焦点企业的认知活动显著受到同群企业的行为影响（刘静、王克敏，2018）。同群企业的商业模式创新行为可以向市场企业传递潜在的资源和变革信息，从而促进企业主动关注和学习同群企业的商业行为，并形成一种创造型认知风格。同时，同群企业间的竞争者身份会对焦点企业构成竞争压力，从而推动焦点企业的变革和创新意识。在同群企业积极通过商业模式创新来推动自身和行业发展的社会环境下，企业可以更好地适应市场变化，保持竞争力。焦点企业为了维护自身形象和持续发展，会进行积极的创新思考。根据组织认识理论，企业创造型认识的提高会深刻影响企业的行为和绩效。具有创造型认知的组织会以更加新颖、灵活的方式进行企业经营，有更高的倾向进行积极目标和主动变革，表现出较强的创造性行为，从而推动自身的可持续发展。

在数字经济背景下，越来越多的企业基于自身的资源、能力及外部机会进行商业模式的创新，衍生出多种商业模式类型，以应对颠覆者的竞争，实现颠覆式的成长。本书将这种基于原有商业模式基础衍生出的商业模式创新界定为商业模式衍生式创新，其在资源和技术能力方面与原有商业模式仍存在联系，但已形成新的价值创造架构。以市场和技术为驱动因素结合探索和利用的创新方式，本书识别出四种商业模式衍生式创新类型，分别是市场利用型、技术利用型、市场探索型及技术探索型。不同的商业模式衍生创新类型在价值主张、价值创造和价值获取方面均有所差异。

1. 市场利用型商业模式创新

市场利用型是企业基于已有的知识和经验，既有的顾客和需求，对市场进行细分，在满足现有客户及市场需求的同时，改进已建立的设计，进行的渐进式商业模式创新（Benner and Tushman，2003）。这种商业模式衍生类型产生于企业对现有市场地位不太满意，可以接受在不偏离现有的知识，对企业结构的调整幅度不大的基础上对商业模式进行创新，来获取竞争优势。具体体现：在价值主张方面，基于已有的市场，对市场进行细分，进一步挖掘不同细分客户群体的需求，解决客户问题。在价值创造方面，在新的价值主张提出的基础上，企业需要对自身的组织架构、人员部署进行安排，对已有的客户和参与者的交易内容进行调整来创造新的价值。在价值获取方面，企业基于自身的资源和能力尽可能满足客户的需求从而获得收益，在价值创造出后，应明确成本来源、成本结构，以进一步进行成本控制，同时创造更多收入。

2. 技术利用型商业模式创新

技术利用型以自身技术知识为基础，随着这种技术在原有商业模式中应用的成熟，该技术可以对现有生产流程和产品服务等进行改进，提升具体流程的效率，从而衍生出新的商业模式。这种商业模式衍生类型以自身技术溢出效应为基础，可以减少研发资源的投入，纳入更多用户参与价值创造过程。具体体现：在价值主张方面，技术通过影响对活动主体间的协同、用户参与、服务便利性等来影响企业的价值主张（邢小强等，2019）。企业利用已有的技术知识，改进交易结构设计，对技术特性进行价值主张的推广。在价值创造方面，技术可以加快企业与参与者之间的信息流动速率来提高互动协同的频率，提升价值创造的效率。同时也可以通过不断衍生出新产品和新服务来提高客户的体验，增加价值创造内容。在价值获取方面，技术应用的成熟通过流程改进、成本降低、质量提升及快速效应等方式改变企业价值获取的形式，扩大获利空间。

3. 市场探索型商业模式创新

市场探索型是由于企业对现有的市场需求产生结构惰性，通过对市场的新学习，得到新的知识和信息，通过这些新知识与信息，企业不断开拓客户细分市场，拓展新的销售渠道，实现商业模式衍生（李颖等，2021）。市场探索型通过提供差异化的产品和服务，可以创造出自己的竞争优势。在价值主张方面，这种类型的商业模式创新，由于现有团队对新市场缺乏足够认知，需要在关联原有商业模式技术和资源能力的基础上，慢慢探索新市场中客户群体的需求以提出新的价值主张。在价值创造方面，市场探索型的商业模式存在较大的不确定性，企业需要通过不断地对价值主张进行宣扬，设计实施多边互惠的交易结构和长短期的收益结构，吸引客户进入价值网络。在价值获取方面，随着新市场提供的产品和服务得到客户认可，企业通过交叉网络的外部性，发展规模经济和范围经济，不断吸引客户进入价值网络，摊薄成本，从而不断获益。

4. 技术探索型商业模式创新

技术探索型是企业通过采用或研发新的技术，甚至破坏现有行业技术，引入新的产品和服务改变消费者的习惯和行为，从而在新兴技术下实现跳跃式发展。尽管技术探索存在着高度不确定性的风险（蒋瑜洁等，2021），但其中包含的潜在巨大收益驱使企业不断探索新的技术，以期产生巨大商业价值。在价值主张方面，由于在技术探索时期，企业对于价值如何变现及何时变现是未知的，技术依据不同的场景需求、不同的客户参与群体，形成相应价值主张。依据在衍生过程中的效果逻辑，不断地实验、更新其价值主张。在价值创造方面，为使价值创造形式呈现稳定的状态，企业需要构建价值网络，呈现参与者期待看到的场景，吸引更多参与者进入市场网络，以保证技术研发的可持续性。在价值获取方面，技术探索型商业模式创新建立在客户有能力也有支付意愿的情况下，主要通过提高产品质量、创造差异化的价值及降低产品和服务成本来增强用户支付的意愿，建立价值网络。如图 3-3 所示。

	市场	技术	驱动方式
探索	市场探索型	技术探索型	
利用	市场利用型	技术利用型	

图 3-3 数字经济时代商业模式衍生创新类型

综上，企业通过对内外部市场和技术变化带来的新知识和新信息进行探索性或利用性的学习，获得更高阶的知识与能力，对其价值主张、价值创造、价值获取不断调整，从而不断衍生新的商业模式，形成系统性的商业模式创新机制。由于驱动因素和交互方式的不同，不同的衍生类型与原有商业模式之间的关系属性也不相同。一般来说，若新旧商业模式形成较强的互补关系，新模式依赖原有模式的一些资源和能力，常见于利用型衍生创新。若新旧模式互补性偏低，两者在资源和能力上保持相对分散且独立的状态，常见于探索型衍生创新。利用型的衍生创新一般早于探索型的衍生创新，多数组织会优先利用已有的知识考虑商业模式创新，随着利用型衍生商业模式形成，企业获得资源和抗风险能力的积累，组织会更多考虑外部的机会，进行探索式的衍生商业模式创新。此外，不同类型商业模式的创新程度也有所不同，利用型的衍生式创新的创新不确定性较低，对原有知识基础改变不大，而探索性商业模式创新基于对外部机会的识别和不确定性的了解，去改变组织知识基础，开拓新市场，从而推动商业模式的创新程度更高。（刘丰、邢小强，2023）。

二、数字经济时代商业模式创新演化过程

在数字经济背景下，企业通过利用物联网、人工智能等新兴数字技术来创新自身商业模式。这种商业模式创新的演化过程呈现出以平台为基础、增加开放性、有效提升利益相关方的参与度等特征。企业不再以独立组织形态存在，通过多边参与和增加网络效应，实现组织形态的演变（宋立丰等，2020）。本书从商业模式演化中的探索期、发展期和拓展期三个阶段，将商业模式创新阶段划分为平台模式、社群模式和生态系统模式。

1. 探索期平台模式：价值主张更新

在数字经济背景下，进行商业模式创新时，企业面临着许多困难，如惯性思维等问题。而企业平台化是一项重大创新，它打破了传统组织结构，通过互联网技术发挥了重要的推动作用。互联网技术在外部收集大量信息传递给企业，企业通过对外部信息的感知和学习，将其转化为内部创新变革的动力。为了适应不断变化的环境，企业需要不断调整自身的价值主张，并对感知到的情况进行反馈，以寻求自身的发展。

2. 发展期社群模式：价值网络构建

社群模式是企业在业务正常开展时，服务提供者与用户之间逐步形成的一种新模式。建立在平台基础上的社群，通过互动实现"需求挖掘—提出创意—转化创意"的价值主张。企业可以通过共享平台数据来获取信息、分析数据并发现机会。在这种以企业

和用户在平台中互动为核心,并与其他参与方进行协作互动形成的价值网络中,数据资源可以高效转换,实现多个参与主体的价值共创。

3. 拓展期生态系统模式:共享价值生态

随着商业模式的演化,智能化体验成为消费者的新需求。生态系统模式是企业的开放性吸引更多不同资源持有者加入价值创造网络,组织结构进行重新组合,不同资源进行互换与共享,实现从创意产生到投入市场的效率提升。在这种情况下,企业可以综合利用生态内各合作伙伴的资源优势,降低开拓新业务的风险。生态系统模式由无数商业模式创新组织构成,各主体之间相互交互协同,形成持续价值创造的网络,实现生态内的价值共享。同时,这一共享模式可为社会节约资源,实现社会价值。

以上三种数字化商业模式创新演化过程,呈现出"数字化环境—数字化动态能力—商业模式创新"的演化逻辑,如图3-4所示。

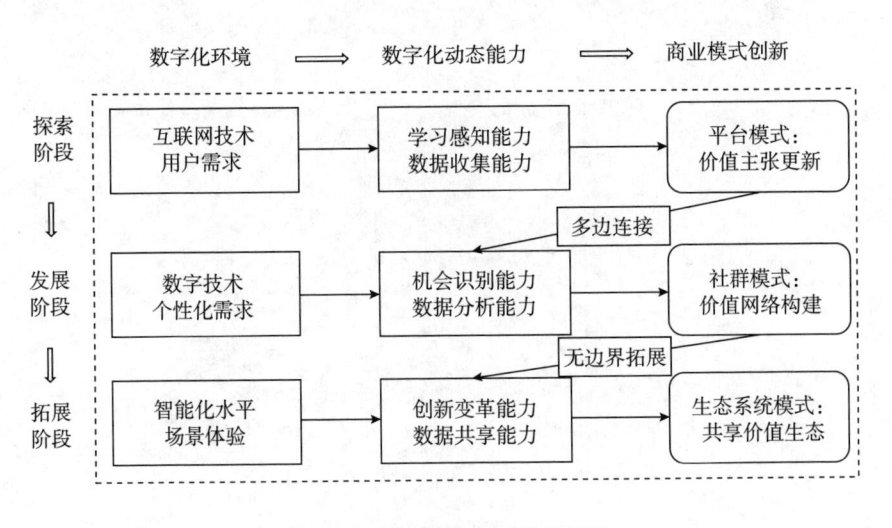

图3-4 商业模式创新演化过程

第四章

商业模式与企业高质量发展的逻辑与实践

第一节 商业模式与企业高质量发展的逻辑

本节重点参考朱兆珍等（2018）的研究成果，从商业模式与企业高质量发展概念界定及两者的终极目标两个方面展开，深入探讨商业模式与企业高质量发展的理论逻辑。

一、概念界定：相互渗透

1. 商业模式概念

商业模式概念的界定已经成为国内外众多学者关注的重要研究领域之一。通过广泛研读相关文献可以发现，学者通常从经济学、运营、战略和整合四个不同的视角出发，对商业模式进行概念界定，下文将分别对这四种视角展开介绍，以便深入理解商业模式的本质及其在商业实践中的应用。

（1）经济学视角。从经济学的角度来看，许多学者将商业模式定义为公司获取利润和实现最大化利润的方式。具体而言，Rappa(2004)认为，商业模式指的是企业采取的一定的策略和方法，在市场竞争中生存并获得超额利润。先是，Hamle(2000)认为商业模式是研究公司经济活动收入和成本的一种方法，旨在通过创造更多的收入来使公司在竞争激烈的市场中生存并获得超额利润，它的重点是如何获取最大化的收入。随后，Afuah(2003)认为商业模式是企业为实现利润最大化而采用的一整套策略和方法，旨在通过为顾客创造高质量的价值，以最有效地获取和利用资源，同时实现长期增长和持续竞争优势。而 Rappa(2004)指出商业模式最基本的意义是用于指导企业如何赚钱。Foss 和 Saebi(2017)支持上述观点，认为商业模式是一种为企业创造利益的经济模式。近年国内一些学者也从经济学角度对商业模式概念进行了界定，如马蓝等(2021)指出商业模式是打破既有的商业游戏规则进行可盈利性的商业创新。李晓华(2022)认为商业模式的本质是企业向客户交付价值、吸引客户为价值付费并将这些付费转换为利润的方式。而朱建平和冯冲(2022)直接把企业"盈利模式"等同于商业模式，认为其是对交易内容、结构及治理的规范，主要包括核心竞争资源、客户划分和收入源泉等要素。

（2）运营视角。从运营视角来看，商业模式是企业的组织结构和运营结构，它与业务模型和交易概念密不可分。商业模式旨在通过一定的组织结构设计和运营方式，使企业在竞争中获得更多的超额利润。具体而言，Amit 和 Zott(2001)指出，商业模式描述了企业与其上游供应商、潜在竞争者和下游客户之间的交易。这种模式强调产品、资源、交易结构和交易机制的顺畅运作，以促进企业的发展。程愚等(2012)直接界定商业模式是企业经营活动的基本模型，认为商业模式框架是企业经营的核心组成部分，它涵盖了利益相关者组成的价值交易结构，旨在为共同目标市场提供产品或服务，而这种框架的完整性对于企业经营的成功至关重要。Guo 等(2017)从根源上阐述了商业模式是企业运营的形成过程，它是依据内外部环境特征得以构建，通过重塑组织结构及交易方式从而实现价值创造(张璐等，2019)，企业需要在运营中明确经营者的风险及机遇(李维安、秦岚，2021)。在系统运营层面，陈玲玲等(2021)认为，商业模式指的是持续改进和优化流程的过程。这主要通过企业内部的管理和运营流程，以及构造和设计的优化来实现。这种改变目的在于优化企业整体系统结构，并从降低生产经营成本转变为实现更高的价值。据李文等(2022)所述，商业模式是一种结构化系统，它旨在通过为客户提供优于竞争对手的产品或服务价值来获得利润。其目的是探索目标企业的商业模式，识别其中的新颖要素及这些要素之间的关系。梁刚(2022)认为商业模式是企业与其利益相关者之间交易结构的集合体，它在一定程度上反映了市场关系，这种交易结构包括企业运营的程序和终端服务的目标，必须遵循消费需求的市场逻辑，而商业模式的核心在于满足市场需求，实现企业与利益相关者之间的互利共赢。

(3)战略视角。商业模式的战略视角强调从企业的战略角度来定义商业模式的内涵。在这种视角下，商业模式被视为企业实现战略目标的一种反映，外部观察者可以通过关注商业模式的变化来了解企业的战略(Casadesus-Masanell and Ricart，2010)，企业调整或变革商业模式被视为一种重要的战略举措，有助于实现更好的战略目标(Höök et al.，2015)。因此，商业模式与战略有机匹配是企业建立并保持竞争优势的重要途径(郭天超、陈君，2012)，商业模式也是企业战略的核心驱动力(Carayannis et al.，2015)及实现企业战略目标的途径和方法(迟强，2017)。所以，商业模式也被视为一种重要的战略工具(Im et al.，2020)，其目的是通过创建内部活动和外部需求的结合路径，帮助企业更好地实现战略目标，同时满足市场需求，提高资源利用率。商业模式的主要目的是帮助企业制定长期有效的战略，以在市场上创造剩余价值，从而提高企业的竞争力和盈利能力。商业模式的设计和实施需要综合考虑市场需求、资源配置、组织结构等多个方面因素，以确保企业能够实现长期稳定的发展。商业模式创新已成为数字经济时代企业发展的重要策略，这对于中国来说尤为关键。Amit等（2022）在此背景下提供了商业模式战略研究的方案，为全球商业模式领域的学者提供了参考。在此基础上，陈德球和张雯宇（2022）认为商业模式创新作为一种重要的战略手段，可以帮助企业实现高质量发展，并总结了商业模式创新在推动企业高质量发展方面的逻辑与路径，这为本书的研究提供了思路和指引。

（4）整合视角。从整合视角来看，企业商业模式是对企业整体高效运作方式的描述，其目的是对企业各个环节和流程进行整合与优化。早期商业模式的设计不仅是为了实现某一单独经营目标，而是将企业视为一个综合性的系统，以实现企业的长期可持续发展（原磊，2007）。在此背景下，他认为，商业模式在满足消费者需求和期望的前提下，需要为公司股东带来可持续的利润，也需要考虑企业内部相关要素的整合和优化，以形象化公司并整合业务环境。此外，商业模式需要考虑企业与上下游企业之间的紧密联系，以实现市场占有率的增加、最大化价值的创造及超额利润的获得（Osterwalder，2004）。因此，商业模式的设计需要综合考虑企业内部和外部的各种因素，以实现企业的长期可持续发展。学界基本一致认同商业模式是企业创造、传递及获取价值的基础架构（Teece，2010；汪积海等，2022），阐释了企业创造及获取价值的逻辑（Amit and Zott，2001）。具体来看，商业模式是融合了内部过程、外部交易和系统整合的架构（魏江等，2012），也是许多要素以内部运营架构、外部网络架构及财务架构组合在一起的整体（郭蕊、吴贵生，2017），基于自身核心能力，利用对产业价值链环节的增减、融合和创新，致力于创造、传递、获取和分配价值，以实现全面价值优化（李鸿磊、柳谊生，2016；钱志嘉、张瑞雪，2021）。因此，商业模式也可以理解为企业价值设计、建构、传递和变现的过程（Teece，2018a），是企业通过价值链的构建、跨界活动的整合及价值链中企业间的合作，为获取价值实现其价值主张所采取的资源能力的动态配置（贺仁龙，2021），从而为企业创造市场优势（王俊荣，2021），推动企业高质量发展（陈德球、张雯宇，2022）。

尽管商业模式的概念界定在不同的研究视角下有所差异，但不论是经济学视角所关注的盈利机制与增长路径、运营视角所着重的内部组织与交易机制、战略视角所提倡的战略制定与执行及整合视角所主张的四种价值的统合与优化，都与企业高质量发展密不可分。笔者认为，无论是哪种视角，都关注企业如何在市场竞争中获得竞争优势，通过企业的价值主张、价值创造以及价值获取，实现高质量发展。因此，商业模式的各种视角都为企业高质量发展提供了重要的理论基础和实践指导，为企业实现长期可持续发展注入了新的动力。

2. 企业高质量发展概念

实现经济高质量发展，不论是在国家层面、地区层面还是在行业层面，都需要依靠企业的高质量发展，对企业高质量发展的概念进行科学界定，是推动企业改革创新、实现可持续发展的基础。目前对于企业高质量发展的内涵尚未达成共识。中国人民大学叶康涛教授（2022）采用文本分析方法，从中国知网的"报纸资料库"中提取了1901篇与"企业高质量发展"相关的媒体报道，并使用 Latent Dirichlet Allocation（LDA）模型提取出隐藏在这些报道中的主题类型。结果表明，"企业高质量发展"主要与创新、可持续发展、企业文化、公司治理和品牌这五个方面高度相关，按照出现频率依次排列。2021年8月3日，中国企业改革与发展研究会结合我国企业发展实践，从创新发展、效益发展、市场发展、绿色发展和社会责任五个方面构建了企业高质量发展的评价指标体系。根据相关研究，制造业高质量发展评价体系还需要考虑能源消耗、污染排放等可持续发展因素（张峰、薛惠锋，2017）。在此基础上，张文会和乔宝华（2018）从不同维度出发提出了多种指标体系，如创新驱动、结构优化、品质品牌、要素效率、融合发展、绿色发展。其中，经济效益、技术创新、质量品牌、两化融合、高端发展等指标被广泛认可（江小国等，2019），也有学者将信息化水平等新兴指标考虑在内（苏永伟，2020）。基于上述研究，在数字经济发展的背景下，王德祥（2022）提出了一个适合中国国情的制造业高质量发展指标体系，包括创新效应、结构效应、要素效应、品质效应、速度效益、融合发展、绿色发展七个子系统，共25个指标。那么，可以理解为企业高质量发展内涵至少涉及企业创新、企业绩效、市场发展、绿色发展和企业社会责任。综合上述观点，企业高质量发展主要是企业创新、可持续发展、企业绩效、公司治理、企业文化和企业社会责任方面的综合发展情况，涉及企业、社会、政府、员工等相关利益者，企业能够达成价值目标是企业高质量发展的基础。

3. 商业模式和企业高质量发展概念界定的融合

根据商业模式和企业高质量发展的概念界定，商业模式中的产业价值链会涉及不同的利益相关者，包括企业本身、第三方顾客和第三方合作伙伴，这与盈利模式息息相关。而这些利益相关者与企业高质量发展中的利益相关者有所不同。以奇虎360为例，其向网民推荐使用360安全浏览器，并声称该浏览器可以抵抗各种木马和流氓软件的入侵，从而保障安全上网。用户每次打开计算机时都会看到360导航的弹窗，一旦用户点击该网站，奇虎360就会向对方网站收取费用。从商业模式的角度来看，利益相关者包括奇虎360、用户和对方网站；而从企业高质量发展的角度来看，更关注的是奇虎360本身。不论是从商业模式角度还是企业高质量发展角度，奇虎360都需要更好地满足用户的需求，提高对方网站的点击率，进而增加收入。虽然这些任务可能由技术部门或营销部门来完成，但直接影响奇虎360网站收入的是对方网站支付的费用，因此，这些关键利益相关者对于奇虎360来说是一样重要的。从这个例子中可以看出，通常情况下，对于同一事项，不论是从商业模式所涉及的利益相关者的角度来看，还是从企业高质量发展所涉及的利益相关者的角度来看，那些直接影响焦点企业利益的关键利益相关者通常是相同的。重点关注的利益相关者都是指具备独立利益诉求、有相对独立的资源能力、与焦点企业存在交易关系的行为主体（魏炜等，2012），也是指商业模式价值创造的主体，抑或是企业高质量发展活动的实施者。此外，在数字经济背景下，商业模式概念中的价值主张、价值创造和价值获取与企业高质量发展活动密切关联。而企业高质量发展过程中，具体包括企业研发创新、履行社会责任、经营品牌获取较大市场占有率等活动，波及焦点企业、政府、社会、员工等主体的相关利益。

二、终极目标：协同一致

Teece(2010)认为，商业模式的核心就是价值创造并让价值流动。Singleton(2014)指出，财务报告作为企业实践结果的载体，反映了企业所采取的商业模式是否盈利，但商业模式告诉我们企业创造价值的方式及如何获得利润。事实上，商业模式的设计和运营的终极目标是实现企业价值最大化，这也是企业高质量发展的最终目标所在（李端生、王东升，2016）。而实现企业价值最大化的前提是满足客户的需求和价值主张，并成功地进行价值的创造和传递，从而实现所有交易方的价值获取（张敬伟、王迎军，2010）。在所有交易活动中，焦点企业的商业模式需要为各利益相关者创造价值，但这只是实现最终目标的手段。因此，企业高质量发展和商业模式的本质目标是相同的，即在创造价值和实现利润的基础上实现企业价值最大化。

第二节 商业模式创新与企业高质量发展的实践

数字经济时代，数字技术为企业发现和创造价值提供了新的视角和方式，成为当今中国企业进行商业模式创新的切入点（Kohtamäki et al.，2019）。数字技术的应用可以帮助企业扩展商业模式，实现多元化组合（Li，2020），商业模式创新也随之衍生出市场利用型商业模式创新、技术利用型商业模式创新、市场探索型商业模式创新及技术探索型商业模式创新，详见本书第三章第三节：数字经济时代商业模式衍生创新。这四种商业模式创新分类法本质与Zott和Amit（2007，2008）提出的效率型商业模式创新和新颖型商业模式创新主流的两分类法是一致的。市场利用型商业模式创新和技术利用型商业模式创新等同于效率型商业模式创新，而市场探索型商业模式创新和技术探索型商业模式创新等同于新颖型商业模式创新。本节参考陈德球和张雯宇（2022）的研究，分别从效率型商业模式创新和新颖型商业模式创新两个方面阐述商业模式创新与企业高质量发展的实践。

一、效率型商业模式创新

效率型商业模式创新是复制已有的商业模式，以一种效率更高的方式开展原有的活动（Zott，2003），本质上是通过创新降低交易成本。上述效果的实现可能来自不确定性、复杂性或信息不对称性的缓解，也可能来自协调成本和交易风险的降低。学者从战略导向的角度探究了效率型商业模式创新的实现过程：从市场导向来看，企业通过迅速捕捉市场客户的需求信息，抓住能为其创造竞争优势的市场机会，通过思考现有资源组合方案降低成本或改进运营流程，实现内外部资源的有效整合和优化配置，从而开展效率型商业模式创新；从技术导向来看，企业通过技术变化改变价值主张、关键活动、分销渠道、盈利模式等商业模式元素的协调方式，降低交易成本并提高交易效率，从而推动效率型商业模式创新；从创业导向来看，企业能够在不断精进当前交易机制和运营流程的过程中，致力于增强市场需求聚合度、提高合作伙伴之间的交易效率、促进内外部资源的整合优化，最终实现效率型商业模式创新（周琪等，2020）。效率型商业模式创新能够提高企业对市场的反应速度（Shimizu and Hitt，2004），从而提升企业的财务绩效水平和开发性创新水平。

亚马逊的商业模式创新过程就是典型的效率型商业模式创新，其订单跟踪功能旨在提高交易透明度，因此构成了以效率为中心的设计元素。其降低了向物流公司提供信息的成本，并且与没有使用该功能的情况相比，会诱导更多的客户检查他们的包裹。其他以效率为中心的设计元素旨在提高交易的可靠性和简单性，减少交易参与者之间的信息不对称，加快交易速度，实现需求聚合，减少库存，提供交易可扩展性，或降低交易的直接成本和间接成本等。百特医疗的商业模式创新也是以效率为导向的，它允许医院直接从批发商处以电子方式订购供应品。通过重新分配其节省的资源，公司能够为其客户提供额外的增值服务。此外，中国的真功夫通过建立中式快餐标准化生产体系，成为中国第一家成功快速拓展网络的中式快餐连锁店。浙江鑫灏科技有限公司利用物联网技术，使公司可以与自动售货机信息实时传输，因此能够实时获得自动售货机库存余量，从而基于物流进行优化升级，最终通过对库存定点定量补货提高配送效率。这些效率型商业模式创新实践都通过技术手段降低交易成本和信息不对称，有效提高了公司的经营效率，从而促进企业高质量发展。

二、新颖型商业模式创新

新颖型商业模式创新是指企业利用全新的交换机制和交易结构来推进并完成经济交易活动，从而创造和获取价值的组织行为。新颖型商业模式创新通常以不同于行业现有商业运作模式和机制来创造和获取组织价值，如设计新的交易机制和盈利模式、用新的方式连接交易活动的各个参与方和拓展现有的交易范围等。Amit 和 Zott(2001)认为新颖型商业模式设计需要企业识别出用户的潜在需求，在为客户提供新的价值主张的过程中创造新的价值；此时，企业将接触更多的交易内容、结构或治理方式，提高学习和搜索的范围，并根据市场反馈情况不断完善现有的商业模式。另外，新颖型商业模式创新还需要企业跳出企业和行业的边界，通过寻找不同交易方式的新组合创造新的价值(Zott and Amit, 2010)，并在不同商业要素之间的相互匹配中最大限度地为用户提供新的价值主张(Zott and Amit, 2015)。

通过秒银科技的案例分析发现，平台型企业的商业模式创新一般是由效率型转向新颖型的创新过程。在效率型商业模式创新阶段，以技术专利和技术人员为内核的技术资源发挥了关键主导作用；在新颖型商业模式创新阶段，市场资源发挥主要的促进作用。在秒银科技从效率型商业模式创新向新颖型商业模式创新转型过程中，企业主要聚焦对现有产业或市场的开发和对潜在市场的挖掘或跨产业的探索，这两个方向在资源配置和组织协调方面带来了较大的挑战。为了保持业绩的平稳增长和实现跨越式的发展，企业需要在内部有效地平衡这两类业务活动。陕鼓动力于 2001~2017 年在其服务化转型的不同阶段先后选择了效率型商业模式创新和新颖型商业模式创新。在效率型商业模式创新阶段，企业通过建立工业服务支持中心、搭建 24 小时客服热线、着力打造专业运维团队，实现了运维信息不对称程度的下降、运维交易速度的提高和大量工业服务信息的获取；在新颖型商业模式创新阶段，企业通过与上游配套商成立"陕鼓成套技术协作网"、与下游用户建立战略合作伙伴关系、与多家金融企业建立合作关系、签署长期供气合同及搭建智能服务信息平台，引入了新的参与者、新的运维服务交易机制和新的定价模式。中兴精诚也先后经历了效率型商业模式创新和新颖型商业模式创新过程。在效率型商业模式创新阶段，企业通过建立专业的技术服务团队、完善的三大客服服务执行平台、全球各地办事处 7×24 小时热线电话和受理坐席，提高了运维交付效率、降低了运维交易价格、减少了运维信息的不对称性；在新颖型商业模式创新阶段，企业通过对设备进行扩容与升级、发展智能运维服务、精确定位系统故障并自动派单和预测走势等，实现运维服务内容、交易机制、定价策略和运维技术与流程的更新。这些企业都是在服务化转型早期通过技术手段降低交易成本和信息不对称性，为后续进入发展新模式提供基础条件，进而通过扩大竞争优势以实现企业高质量发展。

第五章

企业高质量发展路径之一：变革企业价值主张方式

第一节 企业价值主张方式的革新

一、企业价值主张的内涵界定

价值主张是一个营销学、战略学、管理学等学科中常见的术语，不仅是企业界广为流传的一个重要原则，也是企业提升竞争力的重要途径之一。恰当的价值主张不仅有利于企业向消费者传递自身的价值观和价值认同感，也有助于新创企业集中优势资源满足消费者的需求，从而在企业与消费者之间建立良好的沟通渠道，使消费者产生被企业关注、重视和尊重的感觉，进而可以提升消费者维护企业、支持企业的积极性，提高新创企业的创新效益。何为价值主张？价值主张最早由 Lanning 和 Michaels(1988)提出，用以阐释企业怎样通过消费者认为有价值的特征属性去分析消费群体，且将所创造和获取的价值传递给这些消费者。此后，学术界开始深入探究价值主张的具体内涵与特征属性。综合以往众多研究成果,本书进一步参照张爱萍和王晨光(2018)的定义,认为价值主张是企业以产品或服务的形式向消费者输送的企业价值。从定义中可看出通过构建恰当的价值主张,企业能够更好地满足消费者,同时这一过程也有利于企业自身的成长与发展。

二、数字经济时代价值主张革新

1. 传统的企业价值主张

企业的价值主张是企业以产品或服务的形式向消费者输送的企业价值,也是企业与竞争对手区分开来的核心要素。为了更好地掌握数字经济时代价值主张的革新,首先需要简单了解传统的企业价值主张。传统的企业价值主张主要包括以下几个方面。

(1)产品品质。企业通过提供高品质的产品来吸引和保留客户。这种价值主张可以让企业在市场上获得差异化优势,从而增加销售和市场份额。

(2)价格优惠。企业通过提供更低的价格来吸引和保留客户。价格优惠可以让企业在市场上获得价格优势,但也可能会导致企业利润率下降。

(3)品牌形象。企业通过建立强大的品牌形象来吸引和保留客户。品牌形象可以帮助企业在市场上获得品牌优势,从而提高客户的忠诚度和信任度,但建立品牌形象需要长时间的投资和努力。

(4)客户服务。企业通过提供优质的客户服务来吸引和保留客户。优质的客户服务也可以增加客户的忠诚度和信任度,帮助企业获得竞争优势。然而优质的客户服务往往需要更高的成本和更多的人力投入,这可能会影响企业的利润率和效率。

传统的企业价值主张方式存在以下弊端。

（1）容易被竞争对手复制。传统的企业价值主张方式往往是基于产品和服务的优势来吸引和保留客户，这些优势很容易被竞争对手复制，从而使企业的竞争优势短暂而不可持续。当竞争对手能够提供与企业类似的产品和服务时，企业的市场份额和利润率可能会受到威胁。

（2）不能满足客户个性需求。传统的企业价值主张方式通常是通过提供一种通用的产品或服务来满足大多数客户的需求。然而客户的需求往往是多样化和个性化的，这意味着一种通用的产品或服务可能无法满足所有客户的需求，从而导致企业失去一些客户，影响企业高质量发展。

（3）受经济环境影响。经济环境的变化可能会影响客户的购买决策，从而影响企业的销售和市场份额。

（4）效果难以衡量。传统的企业价值主张方式通常是通过提供高品质的产品、强大的品牌形象和优质的客户服务来吸引和保留客户。然而，这些优势往往难以量化和衡量，使企业难以确定其价值主张是否取得了预期的效果。如果企业无法确定其价值主张的效果，那么企业就难以有针对性地优化其高质量发展策略。

综上所述，传统的企业价值主张方式虽然在过去一段时间是有效的，但随着经济社会的发展和客户需求的变化，这些价值主张已经不足以满足企业的发展需求，亟须进行创新和优化。

2. 数字经济时代企业价值主张

不同产品与服务代表着不同价值主张，而数字经济环境下，企业通过跨界结合产品特性与服务要素创造新产品和服务以满足顾客需求，正体现出不同价值主张的融合及新价值主张的产生（刘嘉慧、高山行，2021）。数字经济的发展，催生出以下四种新颖的价值主张。

（1）个性化价值主张。随着互联网的兴起，企业可以更加方便地获取客户的数据和反馈信息，进而通过数据分析、人工智能等技术手段，为客户提供更加个性化的产品和服务，提高客户满意度和忠诚度，提高企业的销售量，进而促进企业进一步发展。例如，在电商平台上，一些企业利用大数据和人工智能技术，向客户推荐个性化的商品和服务，从而实现企业销售和用户体验的双赢局面。个性化价值主张的实现需要企业具备良好的数据分析和人工智能等技术能力，同时也需要建立健全的数据隐私保护机制，确保客户的个人信息得到妥善保护。

（2）全生命周期价值主张。传统的企业价值主张通常仅关注产品的质量和性能，而对于产品的使用、维护和回收等环节鲜有考虑。然而，随着社会对环境保护和可持续发展的要求越来越高，企业需要将产品的全生命周期纳入考虑范畴，为客户提供全方位的价值。例如，一些家电企业推出"绿色家电"，既要保证产品的性能和品质，又要注重产品的环保和可持续性，从而满足客户对环保和健康的双重需求。全生命周期价值主张的实现需要企业在产品设计、生产、销售和回收等环节中注重环保和可持续性，同时也需要与相关的政府部门和环保组织合作，共同推动可持续发展。

（3）生态系统价值主张。生态系统价值主张是一种以平台为基础的商业模式，它通过连接供应商、客户和其他合作伙伴，形成一个生态系统，为所有参与方创造价值。例如，谷歌的搜索引擎和苹果的 App Store 等都是基于生态系统价值主张的商业模式，通过连接开发者、用户和广告商等利益相关者，为所有参与方创造价值。生态系统价值主张的实现需要企业具备先进的信息技术能力和平台建设能力，同时也需要积极引入和整合优质的供应商与合作伙伴，为用户提供更加便捷、多样化的服务和产品。例如，在共享经济领域，共享单车、共享汽车等平台通过连接车主和用户，为用户提供更加便捷和经济的出行方式，同时也让车主能够更好地利用自己的车辆资源，实现共赢。在物流领域，一些物流公司利用物联网技术和智能化设备，构建起全球物流生态系统，为客户提供从供应链管理到末端配送的全方位服务。这种生态系统价值主张不仅可以提高企业的竞争力和盈利能力，而且能够为社会和环境带来积极的影响。

（4）社会价值主张。社会价值主张是一种注重企业社会责任和贡献的价值主张，可以体现在企业的产品和服务中。例如，在食品行业中，一些企业注重生产健康食品，推广健康饮食观念，为客户提供更加安全和健康的食品选择。在教育行业中，一些企业开展公益活动，为贫困地区的孩子提供免费的教育资源和服务，促进教育公平和社会发展。这种社会价值主张不仅可以提高企业的品牌声誉和形象，而且能够为客户和社会带来实际的利益。

综上所述，企业的不同价值主张可以在不同层面和领域中应用，为客户、合作伙伴、社会和环境创造不同形式的价值。企业需要根据自身的定位和战略，选择适合自己的价值主张，并通过不断创新和改进，提高自身的竞争力和社会责任感，进而助力实现企业高质量发展。

三、价值主张驱动企业高质量发展的机制分析

目前，价值主张已经成为企业商业模式中的基本要素之一，其在提高企业影响力、增加企业绩效方面发挥了重要的作用，由此也引起了国内外学者对价值主张与企业发展之间关系的研究热潮。例如，何会文等（2019）基于我国实际情况提出了价值主张对企业发展的作用机制，认为企业的价值主张有利于深入了解消费者的真实需求，从而将提供满足消费者需求的高质量产品作为商品开发和创新的前进方向，进而形成一种全新的商业模式，这有利于创造出更加卓越的经验效益。此外，企业价值主张具有独特

的新颖性(Woodruff,2019)。商业模式创新关键就在于新价值主张的提出(刘丰、邢小强,2023),然后利用数字技术、流程改进、知识学习等方式,对公司业务模式的关键元素或连接这些元素的架构进行重新设计(Foss and Saebi,2017),实现价值创造和获取。显然,价值主张是商业模式的核心要素,也是企业向顾客传达产品价值并影响资源配置方向与使用方式的关键性要素。面对市场需求、竞争环境的持续变化,企业通过及时更新并调整价值主张的主导类型,由价值主张引导价值创造、传递、获取的方式做出相应调整形成适应发展的商业模式架构,从而实现商业模式的创新(张璐等,2022)。刘刚等(2017)通过编制并发放相关问卷研究发现,价值主张在提升企业绩效方面起到了关键作用。张奥和况思睿(2023)得到了同样的研究结论。他们基于数字经济的视角,认为有效的转型战略可以提升企业的价值主张,并进而对企业绩效产生积极影响。

综上,价值主张是企业为满足客户需求而提供的产品或服务的特征和优势,是企业在市场竞争中获得优势的核心要素之一,对提高企业绩效至关重要。那么,从理论上可以研判:确定合适的价值主张有助于企业高质量发展。价值主张的构建需要考虑客户需求、市场环境、竞争对手等因素,通过不断优化来提高企业的竞争力和市场占有率,从而推动企业高质量发展。其中,精准勾勒价值主张画布、有效利用互联网平台和科学匹配企业能力是当前企业价值主张革新的重要路径。基于价值主张路径能够深入了解客户的真实需求、痛点和收益,助推价值主张和商业模式相结合,实现企业高质量发展。而基于互联网平台的价值主张路径则能帮助企业实现价值共享,价值共享意味着企业在实现高质量发展过程中更多地承担社会责任,不仅产生经济效益,而且产生社会效益,促进企业可持续发展。

第五章 企业高质量发展路径之一：变革企业价值主张方式

1. 精准勾勒价值主张画布

价值主张画布是一种工具，可以帮助企业设计和实现其价值主张，包括目标客户、痛点、解决方案、价值提议、关键指标等要素。通过精准勾勒价值主张画布，企业可以更好地理解市场、企业和客户，从而实现高质量发展。本书将从市场、企业和客户角度来阐释勾勒价值主张对企业高质量发展的机制。

（1）市场角度。精准勾勒价值主张画布可以帮助企业更好地了解市场需求和竞争情况，从而制定更有效的市场策略。首先，企业价值主张受到外部市场环境的影响，所以企业在设计价值主张时需要充分考虑价值主张制定时所处市场环境中的资源状况，以及市场需求情况。通过分析目标客户和他们的需求，企业可以确定他们的关注点和痛点，从而更好地为他们提供解决方案。其次，通过精准勾勒解决方案和价值提议，企业可以更好地了解自身的竞争优势，初步确定企业自身是否具备满足市场需求的能力，并在市场环境信息与企业能力之间建立联系，从而使企业所提供的产品或服务可以受到消费者的青睐，并得到市场的认可。最后，通过设定和追踪关键指标，企业可以及时了解市场反馈，从而及时调整自己的市场策略，制定出更具针对性的营销策略，以适应市场变化。

（2）企业角度。在数字经济背景下，市场竞争激烈。竞争激烈、瞬息万变的市场环境倒逼企业必须不断提高其自身能力以更加高效地利用市场和企业的各类资源，从而创造产品和服务价值。精准勾勒价值主张画布可以帮助企业更好地了解自身的优势和不足，从而有针对性地优化企业运营和业务流程。首先，通过研究目标客户和他们的需求，企业可以更好地确定自身的核心业务与核心竞争力，从而优化业务流程和资源配置。其次，通过精准勾勒解决方案和价值提议，企业可以更好地了解自身的产品和服务特点，从而优化产品和服务设计和开发。最后，通过设定和追踪关键指标，企业可以及时了解自身的运营情况，从而及时调整自己的业务流程和资源配置，以提高效率和竞争力。总之，企业设计合理的价值主张对内可以更好地引导企业合理利用资源；对外可以更清楚地传达出企业所提供的产品或服务价值是否可以吸引消费者。同时，倡导企业在拟定价值主张之前充分及时处理各种数据和信息，并利用数字技术不断剖析这些信息，以正确理解企业当前的经营状况，并努力做出具有前瞻性的策略选择与战略布局，从而提出具有竞争优势的价值主张，最终为企业实现高质量发展添砖加瓦。

（3）客户角度。精准勾勒价值主张画布可以帮助企业更好地了解客户需求和行为，从而提高客户满意度和忠诚度。首先，通过分析目标客户和他们的需求，企业可以更好地为他们提供解决方案，从而提高客户满意度。尤其是情感性价值主张，这一点尤为重要。情感型价值主张注重提供的产品或服务需要满足消费者的情感需求，同时也鼓励企业利用客户资源与客户实现价值共创，通过粉丝经济强化用户黏性，并利用粉丝营销手段实现快速扩大市场的目标。其次，通过精准勾勒价值提议，企业可以更好地了解客户的行为和反馈，从而及时调整自己的产品和服务，以满足客户需求。最后，通过设定和追踪关键指标，企业可以及时了解客户满意度和忠诚度，从而及时调整自己的服务质量和客户关系管理策略，以提高客户忠诚度。

综上所述，精准勾勒价值主张画布对企业高质量发展具有重要的机制作用。通过精准勾勒价值主张画布，企业可以更好地了解市场、企业和客户，从而制定更有效的市场策略，优化企业运营和业务流程，提高客户满意度和忠诚度，实现可持续发展。因此，企业应该重视价值主张画布的使用，不断完善和优化自身的价值主张，以提高自身的竞争力和市场地位。

2. 有效利用互联网平台

随着互联网技术的不断发展，互联网平台已经成为企业高质量发展的重要驱动力。本书将从互联网平台的优势、互联网平台对企业高质量发展的积极影响方面进行分析，旨在探讨互联网平台如何驱动企业高质量发展。

（1）互联网平台具有许多明显的优势。①信息共享和交流便利。互联网平台可以实现信息的共享和交流，让企业更好地了解市场需求和竞争情况，从而制定更有效的市场策略。②资源整合和协同合作。互联网平台可以整合企业的资源和优势，实现协同合作，提高企业的效率和竞争力。③数据分析和智能化决策。互联网平台可以通过数据分析和智能化决策，帮助企业更好地了解市场和客户需求，从而制定更具针对性的营销策略。

（2）互联网平台对企业高质量发展的积极影响。①提高企业效率和竞争力。通过互联网平台，企业可以更好地整合资源和协同合作，提高效率和竞争力，从而实现高质量发展。②拓展市场和客户。通过互联网平台，企业可以更好地了解市场和客户需求，实现精准营销，拓展市场和客户，从而实现高质量发展。③创新业务模式和产品服务。通过互联网平台，企业可以更好地了解市场和客户需求，创新业务模式和产品服务，提高客户满意度和忠诚度，从而实现高质量发展。

综上所述，互联网平台已经成为企业高质量发展的重要驱动力。通过互联网平台，企业可以更好地了解市场和客户需求，创新业务模式和产品服务，拓展市场和客户，提高效率和竞争力，实现高质量发展。企业应充分利用互联网平台的优势，制定更有效的市场策略，适应市场变化并提高自身的竞争力。

3. 科学匹配企业能力

随着数字经济的迅猛发展和数字技术革新的持续推进，消费者需求呈现多样化和个性化趋势。依据资源有限理论，企业拥有的资源是有限的，需要合理地进行配置，方能取得理想的效果。企业拥有的独特资源及其能力形成了企业的战略基础。核心能力论认为，企业所具备的各项技能与能力是其获取领先地位的核心要素，也是竞争战略制定和顺利实施的基础。企业战略决策通常是基于企业所拥有的资源能力进行理性选择的结果，企业能力影响战略决策，而企业战略决策需要以企业自身资源能力为支撑。企业价值主张的正确制定是一项事关企业高质量发展的重要的战略决策。简而言之，企业能力是企业实现高质量发展的关键，而价值主张是企业能力的重要体现。如何让价值主张与企业能力相匹配，是每个企业都需要考虑的问题。

（1）企业需要明确自己的核心能力。核心能力是企业在行业内具有竞争优势的能力，也是企业实现高质量发展的重要保障。企业的价值主张应该与其核心能力相匹配，即价值主张要体现出企业在行业内的优势和特点。例如，一个技术领先的企业可以通过技术创新和高品质产品来实现其价值主张，而一个服务型企业可以通过优质服务和客户体验来体现其价值主张。

（2）企业需要根据市场需求和消费者喜好来确定其价值主张。企业的价值主张应该与市场需求和消费者喜好相符合，以满足消费者的需求和期望。企业可以通过市场调研和竞争对手分析来确定其价值主张，以确保其与市场需求和消费者喜好相匹配。

（3）企业需要不断提升自身能力，以支持其价值主张的实现。企业能力的提升是企业实现高质量发展的重要保障，也是企业价值主张实现的基础。企业可以通过技术创新、人才培养、管理优化等方式来提升自身能力，以支持其价值主张的实现。

综上所述，企业价值主张与企业能力的匹配是企业实现高质量发展的重要保障。企业应该明确自身的核心能力，根据市场需求和消费者喜好来确定其价值主张，并不断提升自身能力，以支持其价值主张的实现。只有这样,企业才能在激烈的市场竞争中取得优势,实现可持续发展。

第二节 典型案例分析——Airbnb 公司价值主张革新之路

Airbnb 公司是一家成立于 2008 年的在线旅游公司,总部位于美国加利福尼亚州旧金山。该公司通过其在线平台连接房东和旅客,让房东能够将自己的空房间或整个住宅出租给旅客,旅客则可以在目的地获得更实惠的住宿选择,同时还能与当地人建立联系,获得更加深入的当地文化和生活体验。Airbnb 公司通过其价值主张创新使公司能够适应不断变化的环境,并持续以新颖独特的方式为游客提供服务。因此,本书选取 Airbnb 公司为典型案例研究对象,介绍了 Airbnb 公司的平台基础架构,解析了 Airbnb 公司围绕价值主张的战略模式布局,并提出 Airbnb 公司实现可持续健康发展的建议。

一、Airbnb 公司简介

Airbnb 公司提供了包括公寓、别墅、度假屋、客房、旅馆和酒店等各种类型的住宿方式,旅客可以通过平台筛选出符合自己需求和预算的住宿方式,与房东联系并预订。Airbnb 公司的平台还提供了各种旅游体验和活动,如当地文化、美食、户外探险、艺术和手工艺品活动等,旅客可以通过平台预订这些活动,与当地人一起度过难忘的旅行时光。

Airbnb 公司目前已成为全球最大的在线短租房屋平台之一,同时也是一家估值超过 300 亿美元的"独角兽"公司,已经拥有全球超过 1 000 万套的房源和 3 亿多名注册用户，业务覆盖了全球 190 多个国家和地区。Airbnb 公司的平台除了提供便捷的住宿和旅游活动预订服务，还倡导"共享经济"和"社交旅游"的概念。其创始人曾表示，Airbnb 公司的愿景是帮助人们在任何地方都能感受到家的温馨，同时也能够增进世界各地人们之间的理解和联系。

通过 Airbnb 公司的平台，房东可以将自己的住宅或空房间转化为收入来源，并为旅客提供更加舒适和个性化的住宿体验。Airbnb 公司还提供了评价和评论系统，让房东和旅客可以相互评价和建立信任，同时也为其他用户提供了参考意见。

二、Airbnb 公司的平台基础架构

1. Airbnb 公司的核心体系

Airbnb 公司的运营采用经纪人模式，通过连接房东和房客双方来促进资源的整合与信息的传递。依据核心业务流程，Airbnb 公司平台的核心体系由房东、房客和平台运营方三方构成。Airbnb 公司的房东是来自全球具有闲置房源并有意愿将其出租的房主，房主入驻 Airbnb 公司不仅能为闲置房源带来额外收入，还有机会结识世界各地的朋友。Airbnb 公司的目标消费群体主要划分为背包客和商旅人士两大类。房客事先与房东在平台上互动交流，再进行房屋预订。Airbnb 公司作为资源连接枢纽，向供需双方按比例抽取提成，并提供平台专业化服务。为了取得用户信任与保障用户安全，Airbnb 公司推出用户档案与信用评级，在保护用户隐私的前提下减少信息的不对称，降低了房东与房客的感知风险。同时，为了充分发挥平台网络效应，Airbnb 公司使用社区分享和名人推荐等特色营销方式拉动平台流量增长，在增加盈利的同时树立良好的品牌形象。

2. Airbnb 公司的支撑体系

在线短租平台企业不仅是将闲置房屋、房东和房客这三者进行简单整合，还需有投资者、平台业务合作伙伴、战略合作伙伴、传统住宿行业的合作及支持。Airbnb 公司核心体系的正常运转离不开支撑体系的支撑，支撑体系包括建设支撑、业务支撑和平台网络支撑这三个部分。建设支撑是指为经济社会发展提供基础设施、技术创新、制度规则等方面的支持和保障。例如，加快建设以实体经济为支撑的现代化产业体系，是实现国家发展战略的重要任务；加快构建智能集约的平台支撑体系，是推进数字政府高质量发展的基础性工程。业务支撑是指为某特定领域或行业提供专业化、个性化的服务和解决方案。例如，互联网平台可以为价值主张画布运行提供数据分析、用户反馈、产品优化等方面的业务支撑。金融机构可以为企业发展提供融资、投资、风险管理等方面的业务支撑。平台网络支撑主要是指平台通过构建商业生态体系，充分发挥平台的网络价值，在降低交易成本的同时拓展行业的细分市场。Airbnb 公司分别通过广告媒体、跨界合作、与其他平台和传统酒店合作扩大业务范围，实现精准营销。不断扩大的平台增强了网络外部性，表明 Airbnb 公司不再局限于原有的分享住宿领域，已经开始延伸服务，转向集酒店预订、航班预订、短途旅行食宿等服务于一体的一站式线上旅游平台。

三、Airbnb 公司价值主张分析

1. Airbnb 公司价值主张革新举措——改进技术和用户体验视角

Airbnb 公司的成功不仅在于其拥有完善的平台基础架构，更在于其以用户为中心的价值观和不断追求卓越的企业精神。为了

更好地为用户提供旅游服务，该公司投入了大量资源用于持续改进技术和用户体验。

（1）不断改进搜索算法，以确保用户能够找到最适合他们需求的房源。该算法使用了人工智能和机器学习技术，能够自动化推荐和搜索，提高了用户的搜索效率和准确性。

（2）开发实时翻译功能，可以让房东和旅客更轻松地沟通，消除了语言障碍。该功能涵盖了超过60种语言，为全球用户提供了更好的服务体验。

（3）开展在线体验活动，在新冠疫情暴发期间，Airbnb公司为旅客提供了更多的虚拟旅游选择。在线体验包括烹饪课、文化讲座、体育活动等各种活动，为用户提供了更多的选择，同时也促进了平台的发展。

（4）改进安全功能，包括加强对用户身份和信用卡信息的验证，加强对房源的审核和检查等。这些措施可以让用户更加放心地使用Airbnb公司平台。

（5）开发移动应用程序，方便用户在手机上使用平台，随时随地搜索和预订房源。该应用程序还提供了交互式地图和过滤功能等工具，为用户提供了更好的体验。

同时，Airbnb公司也重视社会责任，通过一系列的举措支持当地社区和环境保护，如从住宿费用中抽取一部分进行捐款，支持当地社会公益事业和文化活动。

2. Airbnb公司价值主张革新举措——聚焦关键要素视角

Airbnb公司的价值主张围绕三个关键要素构建：价格、体验和社区。这些要素共同创造了独特的价值主张，使Airbnb公司有别于传统连锁酒店。

（1）价格。Airbnb公司的定价模式是其关键价值主张之一。与传统酒店相比，该公司为旅客提供负担得起的住宿选择。

Airbnb 公司采用动态定价系统模型,也称为负担能力模型,考虑了位置、一年中的时间和需求量等因素,以确保旅客获得最优惠的住宿价格。正因如此,Airbnb 公司培养了一批忠实的追随者,他们喜欢精打细算,欣赏 Airbnb 公司平台让他们节省了旅游开支。

(2)体验。Airbnb 公司的第二个价值主张是它为游客提供的丰富体验。与传统酒店不同,Airbnb 公司为游客提供独特的体验,让他们有机会入住当地社区并体验当地文化。Airbnb 公司的房东通常是当地人,他们热爱自己所居住的城市并充满热情,渴望与游客分享他们的经验并乐于给予相应的旅游建议。这为游客创造了更真实和个性化的体验。同时,Airbnb 公司也能够以此培养出喜欢该平台提供的体验的忠实追随者。

(3)社区。Airbnb 公司的第三个价值主张是它创造的社区意识。Airbnb 平台旨在将游客与房东联系起来,营造一种归属感,培养了一群忠实的追随者,他们喜欢该平台提供的社交和互动体验。Airbnb 公司的房东经常不遗余力地使房客有宾至如归的感觉,并为他们提供有关当地景点和活动的信息和建议。这为游客创造了更具社交性和吸引力的体验。

可以看出,Airbnb 公司的价值主张创新主要体现在其以一种有别于传统连锁酒店的方式颠覆了传统旅游业,不管是从技术和客户独特体验的开发视角,还是从价格、体验和社区三个关键要素创建一种旅游新模式维度分析。同时,Airbnb 公司顺势迅速发展成为世界上成功的旅游在线平台之一。即使是新冠疫情暴发导致旅行限制、封锁和旅行需求锐减,Airbnb 公司的预订量和收入也大幅下降,但此时 Airbnb 公司开始向数字游民和远程工作者推广长期租赁,这使公司得以开拓新市场,并为旅客提供了更灵活和更实惠的住宿选择。除此之外,为免除客户对新冠疫情传播的担忧,公司为房东实施清洁协议,其中包括预订之间的 24 小时等待期、个人防护设备的使用和消毒剂的使用。这些措施有助于让游客放心，并增强人们对 Airbnb 公司住宿安全的信心。

四、案例思考

Airbnb 公司的成功也带来了一些挑战。人们一直担心短期租赁对当地社区的影响，特别是在住房已经稀缺的地区。安全和监管方面也存在问题，一些城市对 Airbnb 公司的运营施加了限制。这些挑战凸显了 Airbnb 公司需要继续创新以适应不断变化的环境，同时还要注意其对当地社区和旅游业的影响。以下是基于价值主张视角提出的一些可供 Airbnb 公司参考的建议。

1. 与政府等相关部门通力合作

Airbnb 公司可以考虑与当地组织和政府合作，制定支持经济适用房和可持续旅游业的举措。这将有助于证明公司致力于成为其经营所在社区负责任的成员。

2. 完善安全措施

Airbnb 公司可以考虑开发一个新系统来验证客人和房东的身份，以提高安全性和保障性。Airbnb 公司还可以探索使用智能锁和摄像头等技术来增强安全性和改善客人体验。

3. 扩展服务和产品

虽然 Airbnb 公司在为游客提供独特和个性化的体验方面取得了成功，但仍有扩展空间。该公司可以考虑将其服务扩展到包括汽车租赁或机场接送等交通服务，以提供更全面的旅行体验。此外，Airbnb 公司可以探索使用虚拟现实和增强现实等技术来增强客人体验并从竞争对手中脱颖而出。

4. 加强伙伴关系

Airbnb 公司可以考虑加强与旅游行业其他公司的合作伙伴关系，以扩大其产品范围并吸引新客户。例如，公司可以与航空公司或旅行社合作，提供包括机票、住宿和活动在内的捆绑套餐。这将为客户提供更加无缝和便捷的旅行体验。

5. 多元化收入来源

Airbnb 公司可以考虑将其收入来源多元化，而不仅仅是住宿。例如，公司可以探索提供旅游保险或礼宾服务等额外服务的可能性。这不仅会为公司提供额外的收入来源，还会为客户提供附加值，并将 Airbnb 公司与竞争对手区分开来。

综上所述，Airbnb 公司的价值主张创新案例分析凸显了创建独特且差异化的价值主张以引起客户共鸣的重要性。Airbnb 公司以其用户为中心的理念，强调社区共享、注重技术创新和社会责任，成功实现了高质量发展。Airbnb 公司的成功经验也为其他企业提供了有益的借鉴，为企业实现可持续发展提供了新思路。

随着旅游业的不断发展和变化，在未来，企业需要更加注重用户需求，通过社区共享理念，创新技术手段，提供更好的服务和用户体验。同时，企业也需要承担更多的社会责任，回馈社会，为社会发展做出更多的贡献。企业需要不断地探索新的高质量发展路径，以适应日益变化的市场环境和用户需求，从而实现长期稳定的发展。

第六章

企业高质量发展路径之二：
变革企业价值创造方式

第一节 企业价值创造方式的革新

一、企业价值创造的内涵界定

企业的高质量发展和变革企业价值创造方式密不可分。因为企业要实现高质量发展，需要不断变革和创新，以适应市场和客户需求的变化，从而增强企业的竞争力和生命力。而变革企业价值创造方式是实现企业高质量发展的关键路径之一，它包括企业在生产、经营、管理、营销等方面的方法和策略，是企业实现价值最大化的手段。因此，企业需要不断创新和改进价值创造方式，才能推动企业高质量发展。

价值创造理论是企业实现竞争优势和最大化价值的重要理论基石之一，被广泛应用于管理学领域的研究和实践中。波特将价值创造理论与价值链分析模型有机整合，强调企业的日常活动对于价值创造的重要性，是企业获得竞争优势的关键因素之一。在波特价值链模型的基础上,学者对其进行了纵向、横向和空间方向的拓展和延伸,提出了一系列新兴概念,如"价值星系""虚拟价值链""价值网""价值生态系统"等,进一步丰富了价值创造理论的体系(金帆,2014),为企业实现竞争优势和价值最大化提供了更加全面和深入的理论支持。本书赞成Chen等(2021)的定义,即价值创造是指企业通过创新和引入新产品、服务等方式,来满足市场需求,实现商业机会的过程。在此基础上,企业需要设计合适的交易结构和内容,以确保各方在交易中获得各自的价值,实现交易的顺利进行。

随着数字经济时代的到来,以供给为导向的传统商业模式正逐渐消亡,以需求为导向的互联网商业模式和价值创造正在崛起。新技术如大数据、云智能的驱动对价值创造的规律和逻辑产生了重大影响,企业需要不断调整商业模式以适应新经济、新常态的变化(李纯青等,2020)。

二、企业价值创造驱动企业高质量发展的机制分析

大数据应用、互联网嵌入和ESG(环境、社会和公司治理)实践是当前企业价值创造的重要路径。基于大数据的价值创造路径能够帮助企业挖掘数据中的潜在商机,实现产品的个性化定制和市场的精准营销。基于互联网的价值创造路径能够帮助企业构建全新的商业模式,实现数字化转型和跨界合作。而基于ESG的价值创造路径能够帮助企业提高社会责任意识,实现可持续发展和长期价值创造。企业价值创造是驱动企业高质量发展的重要基础和支撑,因此,本书将详细阐释企业价值创造通过大数据应用、互联网嵌入及ESG实践三条路径推动企业高质量发展的机制。

1. 大数据应用

大数据驱动了工业服务商业模式创新,并促使同一生态系统

企业管理和决策提供依据。企业也可以利用大数据技术进行顾客知识搜寻，通过获取和分析海量的顾客数据，帮助企业深入了解顾客需求，促进企业原有知识体系的升级，并创造新的企业价值。因此，基于大数据的知识搜寻不仅是企业了解顾客需求的重要基础，而且是企业知识管理体系升级和价值创造的重要起点。

2) 基于知识耦合的价值创造。企业应当将获取的新顾客知识与已有知识进行融合，以逐步完善其知识库。大数据技术能够帮助企业更好地获取和存储顾客知识，从而推动企业知识的深化和丰富。通过分析消费者行为数据，企业可以实现精准营销，向消费者推荐符合其需求的产品或服务，提高销售和满意度。这一过程实际上是将企业原有的知识与顾客知识进行耦合和匹配，创造更大价值的过程。此外，通过获取消费者的建设性改进意见，企业可以及时了解消费者对产品或服务的不足之处，并针对性地进行改进和完善，提高产品或服务的质量和竞争力。这种针对性的改进和完善不仅能够满足消费者的需求，还可以增强消费者对企业的信任和忠诚度，为企业带来更多的商业机会和利润。

3) 基于知识创新的价值创造。知识创新是通过搜集、融合和转化知识，并在特定时期形成新型知识的过程，其核心在于将新知识与企业的产品、技术和工艺进行融合，从而实现质的飞跃。知识创新不仅强调知识本身的创新性，而且注重其应用价值，尤其是能否为企业带来新的价值。在基于大数据技术的知识创新中，企业利用大数据和新一代信息技术，将新知识与产品、服务相结合，推动企业产品和服务的创新性突破，甚至可以带来新的商业模式，这有助于增加产品价值、服务价值及顾客体验的价值，在进一步提升顾客感知价值方面发挥作用。基于大数据的知识创新主要依据客户需求，关注客户知识和产品、服务的融合，从而推动企业产品、服务及商业模式方面的创新。

2. 互联网嵌入

随着互联网与制造企业之间的融合越来越深入，在双方的相互渗透和相互促进的作用下，互联网影响着制造企业在价值创造方面的多个方面。互联网会通过大规模个性化定制的生产方式、线上线下相结合的新型营销模式及制造企业服务化促进制造企业价值创造。制造企业在生产环节、营销环节和服务环节使用互联网均会有效促进制造企业价值创造水平的提升。下面将从生产环节、营销环节和服务环节三个方面对互联网在制造企业价值创造中的作用进行分析。

（1）互联网嵌入制造企业生产环节。

1）传统生产模式。在早期的工业时代，个性化定制和大规模生产之间存在着无法妥协的矛盾。从本质上说，个性化定制的核心在于以用户为中心的个性化定制，以满足不同的市场需求，因而企业需要多样的制造流程和产品结构。但为了追求经济效益最大化这个目标，企业往往利用相对固定的制造流程进行产品的规模化生产，而忽略了消费者的个性化需求，导致企业生产的产品与消费者需求的不匹配。

2）互联网经济时代。在互联网经济时代，大规模个性化定制正逐渐成为发展趋势。随着我国智能制造水平的不断提高和新一代信息通信技术的快速发展，互联网与制造企业之间的深度融合也得以推进，通过大数据和人工智能的应用，以及物联网技术被广泛应用于制造企业的生产过程中，企业可以更好地了解消费者需求和消费者偏好，成本低、效率高和产品个性化的要求得到了满足，企业逐渐实现大规模个性化定制。同时，消费者也可以利用互联网的信息传递和共享功能，了解物品的信息，推动了制造企业智能化水平的提升，促进了制造企业向智能化、数字化、网络化转型，提高生产效率和产品质量，加速了制造业的转型升级和高质量发展，也为制造企业价值创造带来了新的增长动能。

（2）互联网嵌入制造企业营销环节。

1）传统营销模式。竞争力不断下降。首先，传统营销模式的受众群体较为有限，这主要是由其线下营销的特点所决定的。线下营销受区域范围和时间的限制，只能在特定的区域内开展营销活动，从而导致针对产品的营销推广覆盖范围较窄，其效果相对较差。其次，传统营销模式存在用户黏性不足的问题，因为消费者之间缺乏交流和分享机会，难以形成品牌共性认知。最后，在传统营销模式下，企业的业务主要通过线下渠道完成，需要投入大量的人力，因而传统营销模式对人力资本的依赖性较高，由于近年来人力成本的大幅增加，导致企业的经营成本增加。

2）互联网现代营销模式。多渠道协同营销。互联网现代营销模式的多渠道协同营销在增强其竞争力方面，在以下四个方面具有显著表现：①现代营销模式的广泛受众区别于传统的线下营销策略，通过将线上和线下渠道有机结合，基于互联网线上营销模式的优势，企业能够实现无时间和空间限制地向消费者传达产品信息，从而有效拓展接受产品信息的用户群体，其用户覆盖面更广泛。②现代营销模式依托于大数据及其挖掘技术，使制造企业能够利用已有消费者和潜在消费者的消费方式、偏好和习惯等信息进行深入分析和洞察，从而实现高精度、高效率的用户挖掘、发掘和黏附。同时，企业还能针对潜在消费者进行精准推送，并获得新客户开发的机会。此外，基于用户平台，消费者之间的交流和讨论，有助于企业了解和改善产品不足之处，并进一步形成品牌效应，创造更为广泛的市场宣传和推广效益。③现代营销模式的竞争优势之一是相对较低的成本，这主要得益于基于互联网的线上营销模式的日益成熟。相比于传统营销模式，现代营销模式依赖网络信息资源的程度较高，而不是过多地依赖人力资本资源，网络信息资源成本相对较低，从而降低了企业的营销成本。

④现代营销模式的多渠道协同营销具备优势互补效应,这是该模式的核心竞争力之一。具体而言,现代营销模式中既包括线上渠道,也包括线下渠道,它们分别具备不同的优势特点。线上渠道具有广泛的受众群体,而线下渠道则具有与消费者进行面对面交流的优势。在多渠道模式下,企业能够充分利用不同渠道之间的优势互补,实现多个渠道协同作用,以创造更多的价值和收益。

(3)互联网嵌入制造企业服务环节。

1)在传统制造企业中,营销数量是衡量企业价值创造能力的重要指标之一,而售后服务通常被视为销售合同中已包含的加值服务,无需消费者额外支付。传统制造企业的服务模式具有以下三个特点:第一,由于服务的提供通常需要直接面对用户,因而受到距离和时间等条件的限制,导致服务效率较低;第二,传统制造企业所提供的产品服务往往只限于特定范围,缺乏广泛的服务覆盖;第三,传统制造企业的服务模式需要耗费大量人力和物力成本,通常需要建立规模庞大、人员众多的售后服务体系,增加了企业的经营成本和管理难度。这些问题都制约着传统制造企业的服务质量和效率,限制了企业的发展空间和竞争力。

2)在互联网时代,制造企业服务化的趋势日益明显,从而为企业实现更为丰富的价值创造提供了可能性。一方面,互联网会促进生产性服务业的发展。从供给方的角度来看,互联网的兴起打破了时间和地理的限制,使信息传播变得更加普遍和便利,有助于降低企业的生产性服务交易成本;从需求方的角度来看,制造企业可以利用互联网快速找到满足其生产需求的生产性服务,搜寻成本大大降低。另一方面,随着大数据平台的出现,制造企业可以获得更多的用户数据,为企业的服务化提供了创造性条件。新一代的信息通信技术已逐渐成熟,智能制造成为其主要应用领域。通过远程技术的应用,企业能够在线监测、提供在线服务并实时反馈产品使用情况,协助制造企业由仅依赖产品销售转向通过服务提供更丰富的价值创造。

综上所述,互联网与制造企业的价值创造存在着密切的关联性。互联网的各种应用渗透到制造企业价值创造的各个环节之中,为提升企业的价值创造水平发挥了至关重要的推动作用。

3. ESG 实践

随着社会问题的增多,如气候变化、贫富差距和劳工条件等,国际社会对可持续发展的意识逐渐加深。作为价值创造的重要微观主体,企业成为实现可持续发展的中坚力量。ESG 的概念最初是在《联合国负责任投资原则》的报告中提出的,它是一种投资理念和企业评价标准,关注企业环境、社会责任和治理绩效,为可持续发展理念在微观经济运行中的实践提供了支撑。习近平主席在 2020 年联合国大会上提出了"双碳"目标后,我国对 ESG 政策的力度和实践热度显著提升。本书所讨论的 ESG 实践是指企业是否开展相关项目。

虽然在短期内,积极参与 ESG 实践会使企业在环境保护、社会责任和公司治理等方面承担更多责任和义务,从而需要企业投入更多的人力、物力和财力成本,这些成本包括但不限于环保设施的建设和维护、员工福利和培训、社区投资和慈善捐赠、信息透明度和法律合规等方面的支出,这些活动会降低企业当期的会计利润。因此,与那些不积极参与 ESG 活动的企业相比,积极进行 ESG 实践的企业往往在市场竞争中处于劣势地位,从而降低企业的经营绩效。尽管积极参与 ESG 实践需要企业投入更多成本,但从长期价值的角度来看,这些成本将最终转化为企业的经营成果。随着 ESG 实践的不断完善和提升到一定水平,企业将逐渐形成可持续发展的经营模式和文化,从而实现环境、社会和经济的协同发展。这将为企业带来诸多好处,如降低环境和社会风险、提高品牌形象和声誉、增强员工和客户的忠诚度、改善供应链和合作伙伴的关系、提高投资者和利益相关者的信任和满意度等。这些好处将反映在企业的滞后期价值中，如股票价格、市值、利润、现金流、市场份额等，从而实现长期价值创造和可持续发展。

提升企业价值是企业进行 ESG 实践的目标和根本动力。下面将从四个方面对 ESG 实践如何在长期视角下为企业实现价值创造进行分析。

（1）降低经营成本。长期来看，实践环境、社会和公司治理（ESG）可以有效地降低企业的经营成本。一方面，通过实施技术改造、更新设备等措施，可以提高生产效率，减少能源消耗，从而帮助企业降低能源成本，提高产品利润率。例如，3M 公司几十年前就意识到主动应对环境风险可以成为其竞争优势的来源。自 1975 年推出"污染预防付费"（3Ps）计划以来，该公司通过重新制定产品配方、改进制造工艺、重新设计设备及回收和再利用生产废料来预先防止污染，从而节省了 22 亿美元。虽然我国企业在这方面相对较晚"觉醒"，但节能措施仍对企业财务绩效产生积极影响。例如，福耀玻璃能源成本自 2015 年起呈总体下降趋势，这是因为该企业通过环保投资取得了环保技术进步，提高了资源利用效率，减少了能源消耗，投资建设光伏项目，使用太阳能减少了电力外购，降低了企业的能源使用成本，进而有助于提高企业的盈利能力。另一方面，企业积极承担社会责任可以赢得资本市场和社会公众的认可，有利于企业以较低成本融资，减少财务费用，这将进一步为企业带来利润提升与价值创造。虽然在短期内，这些 ESG 实践会增加企业的成本，但从长期来看，这些实践可以提高企业的声誉和形象，增强企业的竞争力，进而为企业带来更高的经济效益。

（2）最小化法律监管干预。近年来，全球的环境管理理念逐步发生了变化，我国政府对环境问题的重视程度也日益提高，相关政策规定变得更加严格，这意味着环保工作对企业将会产生更大的影响。企业在环境保护和污染控制方面的投入成本包括用于废弃物处理和污染控制设备的资金、由于管理不当而导致的环保罚款及为了符合监管标准而导致日常运营减缓所带来的损失。因此，企业应该重视环境保护工作，遵守国家相关的法律法规，建立一系列相关的环保章程，以满足多方面的环境管理需求，并持续改善相关工作的执行，营造企业内部的环保文化，力求将低碳理念贯穿企业生产运营的整个过程。

积极参与环境、社会和公司治理（ESG）实践对于企业来说具有重要的风险管理作用。一方面，ESG 实践有助于企业遵守相关法律法规，减少因环境、社会责任和公司治理问题而引起的诉讼和行政处罚。通过遵守法律法规，企业可以降低法律风险和声誉风险，从而保护企业的利益和形象。另一方面，ESG 实践可以降低企业的系统性风险，如气候变化、自然灾害、劳工纠纷、供应链问题等。通过识别和管理这些风险，企业可以减少经济损失和声誉损失，提高业务的连续性和可持续性。此外，ESG 实践还可以提高企业的社会认可度和品牌价值，从而进一步提高企业的价值和竞争力。因此，ESG 实践已成为现代企业管理的重要组成部分，对于企业的长期发展具有积极的影响和意义。

（3）提高管理层及员工工作效率。社会责任实践对企业的生产效率和管理能力有着积极的影响。ESG 实践鼓励以人为本的管理文化，通过建立公平的激励薪酬体系和维护员工合法权益等措施，提高员工忠诚度和劳动生产效率，为企业创收贡献更多的力量。此外，ESG 实践还可以帮助企业更好地了解客户和利益相关者的需求和期望，提高企业的竞争力和可持续性，为员工提供更加稳定和有意义的工作环境，从而提高员工的工作效率和满意度。企业通过 ESG 实践提升声誉和增强员工认同，可以加强员工的稳定性、提高员工工作积极性和产品服务质量，从而为企业创造价值。

（4）促进机构投资者增持股份。注重资产安全和稳健运营的机构投资者通常对企业的 ESG 实践非常关注，因为这些实践可以反映企业的长期价值和风险管理能力。因此，良好的 ESG 表现可以增强机构投资者对企业的信心，促使他们增加对企业的投资，从而提高机构投资者的持股比例和企业的股权价值。由于机构投资者具有更强的信息收集和分析能力，他们进入市场后可以降低市场的波动性，减少市场噪声。此外，机构投资者更喜欢持有信息透明度更高、公司治理水平更好、风险相对较低的上市公司股票。因此，ESG 表现良好的公司通常会披露更加全面和透明的信息，这些公司具备良好的社会责任履约意愿和长期发展的潜力，符合机构投资者的投资偏好，可以提高企业的创收能力，规避政府政策风险和非效率投资等短期行为。

第二节　典型案例分析——顺丰公司的价值创造方式革新之路

一、顺丰公司简介

顺丰公司由创始人王卫在 1993 年设立于广东省佛山市顺德区，当初因自身印染业务需要接触寄送业务，并发现市场需求和服务痛点，故决定创业从事快递服务。在王卫的带领下，顺丰公司主要经历了如图 6-1 所示的五个发展阶段，目前是国内最大的综合物流服务商之一。在创业起步期，顺丰公司选择了加盟模式迅速占领市场，公司进入高速成长期后，业务开始覆盖全国，与此同时，加盟模式的弊端也开始显现，低成本的快速扩张牺牲的是企业的服务质量与声誉，而这也违背了王卫的创业初衷。为了寻求长远发展，顺丰公司在 2002 年正式转为直营模式，由总部掌控整个物流的关键作业环节及核心资源，填补了民营企业直营模式的空缺。截至目前，顺丰公司仍是我国唯一采用直营模式的民营快递企业。经营模式的转变宣布公司进入管理优化期，也明确了为顾客提供中高端快递服务的产品定位，实行差异化战略。差异化战略令顺丰公司实现了 2008~2012 年的竞争领先期，优质的服务和良好的口碑不仅让顺丰公司赢得了高定价的权利，在业务量增速上也远远领先于其他民营快递业。然而，差异化战略也让顺丰公司错失了电商市场，并且短期内难以进入享受红利。因此，顺丰公司在 2012 年提出要向综合物流服务商转型，坚定中高端市场定位，进入战略转型期。2017 年 2 月 24 日，获证监会批准其登陆 A 股市场。目前，顺丰公司的物流生态系统已经成型，是国内最大的综合物流服务商之一。

创业起步期	高速成长期	管理优化期	竞争领先期	战略转型期
1993~1997年	1998~2001年	2002~2007年	2008~2012年	2012~2017年

图 6-1　顺丰公司发展历程

二、顺丰公司价值创造路径革新动因分析

1. 外部动因

伴随着我国经济的高速发展，快递行业的市场环境也在不断变化。2000 年左右，电商企业如雨后春笋般出现，促进了快递业的繁荣发展。但是顺丰公司定位于中高端市场的产品并不符合电商薄利多销的特点，因此错过了电商市场。与此同时，同行企业正通过电商快速扩张，市场环境变化带来的竞争压力驱动顺丰公

司需要寻找电商以外的发展机会。我国快递市场的高速发展也催生了我国"大物流"时代的到来，物流行业内的细分领域如快运、快递、供应链等业务的边界逐渐模糊。除了快递行业，我国物流领域的其他细分行业市场处于高度分散状态，行业集中度不高，需要有企业对其进行整合。一边面临电商市场的错失，一边面临物流行业提升集中度的需求，顺丰公司作为快递业的龙头企业，有规模优势和资金优势，在快递领域深耕发展的经验也能够复制到其他细分领域。因此，市场环境的动态变化驱动顺丰公司在物流领域开展多元化转型，不仅有助于整个物流产业的转型升级，还能满足电商、制造业对供应链服务的需求。

2. 内部动因

在互联网兴起之前，顺丰公司通过稳定和可靠的优势赢得了市场的信任，当时用户对快递的认知是"顺丰"和"通达系"，与其他竞争对手产生了明显的区分，竞争力尽显，顺丰公司也掌握了商务件市场定价话语权。然而，随着电商市场订单快速放量，同行通过在平价市场的扩张迅速成长，也形成了自身的核心竞争力。而顺丰公司采用的直营制经营模式属于重资产，需要企业承担更高的经营成本，因此在成本上难以降低，无法直接进入电商市场与其他企业抗衡。错过了行业内当时的主力市场，顺丰公司的竞争力开始下降，为了谋求长期的竞争力，顺丰公司开始战略转型，通过转型降低自身的营业成本，并开拓其他市场的业务收入，重塑核心竞争力。

三、顺丰公司的价值创造路径选择

1. 智慧物流平台赋能企业创造价值

数字经济时代，通过信息平台整合企业内外资源来获取竞争优势和创造价值已经成为一种普遍现象。对快递行业来说，大数据技术帮助企业便捷地从运输、仓储、分拣、派送等业务环节获取成本信息，有助于企业有效控制成本，还能为客户创造价值。顺丰公司的智慧物流平台存在以下作用：首先，智慧物流平台突破空间阻碍，让原本闲散的设备、地址、客户等资源能被整合利用，提高了整个供应链的服务效率；其次，智慧物流平台实现了信息共享，缓解了利益相关者之间的"信息孤岛"现象，及时获取和有效使用数据保障了用户需求与企业资源的无缝对接，进而实现价值增值。此外，平台能给客户提供更优质的服务，满足顾客多样化需求，提升服务体验和客户满意度，增强企业在市场中的竞争力，促进价值增值。

综上，顺丰公司利用自身构建的技术资源、人力资源、伙伴资源等资源组合，通过开拓式资源整合方式，形成了综合研发能力、精细化管理能力和精准服务能力，并通过智慧物流数据平台，快速响应市场机会，应用在了智能服务、AI智慧决策、智慧地图、无人机物流、数字化仓储等物流场景，获取竞争优势，能够让企业降低交易成本和运营成本、提升决策效率、增强客户体验等，进而为企业创造价值。

2. 价值链延伸创造价值

顺丰公司在延伸价值链路径上以自身已有的产品体系为核心，选择那些能够与已有产品体系建立深度关联、增强自身产品体系的差异化的业务，以及选择有丰富业务经验和优质客户资源的合作企业，给企业带来了独特的竞争优势和溢价能力，同时也完善了产业链，满足了市场对于多元化服务的需要。顺丰公司沿价值链向研发环节与营销环节延伸能有效提高、改善企业的盈利能力，以实现价值创造。

顺丰公司产业链的完善对企业价值创造有显著影响。一方面，价值链延伸能够完善产品矩阵，提高产品的附加值，进而提升企业营业收入，并且通过为客户提供定制化物流服务提高客户黏性；另一方面，业务之间的协同降低了企业的营业成本，由于业务之间可以共享企业的运输设备和物流网络，通过增加业务的多元化可以降低单票平均营业成本。另外，顺丰公司新业务的开拓为顺丰公司带来了未来成长的巨大可能性，产品创新能通过市场份额和利润水平提升企业价值。同时，顺丰公司为客户提供更全面的服务，满足了客户多方位的需求，提升了消费者价值，进而提升了企业价值。

综上，顺丰公司利用自身积累和外部获取构建的技术资源、客户资源、业务资源、品牌资源、市场资源等资源组合，通过丰富资源整合方式，形成了业务协同能力、产品创新能力和综合物流服务能力，通过拓展多元化增值服务，如快运服务、冷链服务、即时配送服务、供应链服务和国际服务等，获取竞争优势，能够让企业提升营业收入、降低营业成本、增强发展潜力、提升消费者价值等，进而实现企业价值创造。

第七章

企业高质量发展路径之三：变革企业价值获取方式

第一节 企业价值获取方式的革新

互联网时代，企业通过自身的独特优势和战略弹性，不断实现跨界经营，给传统线上线下的经营方式带来了创新性的冲击。这种"平台化"经营不仅成为企业在互联网时代获得竞争优势的关键因素，也是当前全球企业集团中广泛采用的商业模式。根据哈佛大学马斯·艾斯曼（Thomas Eisenmann）教授的研究，全球最大的企业集团中有60%采用了平台经营模式，同时70%的全球"独角兽"企业也在使用平台经营模式。这表明平台化经营已成为企业蓬勃发展的必需趋势，对于企业在市场竞争中取得成功具有重要意义。

在中国市场，"平台"已经成为人们生活中不可或缺的一部分，也是共享经济发展的关键。电商平台如淘宝网站，可以让人们轻松购买到几千公里外的新鲜水果；外卖平台如美团外卖，能够让人们足不出户也能品尝各种美食；支付平台如支付宝和微信方便了人们购物时的付款行为；金融平台如余额宝，提供了一种灵活、高收益的存储和理财方式；网约车平台如滴滴打车，则方便了人们的出行。在数字经济的时代，平台已经无所不在，成为人们生活中重要的一部分。因此，本书着重于研究平台企业的价值获取如何推动企业高质量发展。

一、企业价值获取方式的内涵界定

在价值运动中，价值获取（Value Capture）是最终目标。其含义包括价值分配（Value Distribution）和价值专属（Value Appropriation）两个层面，前者强调在利益相关者之间如何分配创造的总价值（Dyer et al., 2008；Gans and Ryall, 2017）；后者则着重于某一利益相关者通过积极采取行动争取更多独占价值，进而影响价值分配比例（Brandenburger and Stuart, 1996）。因此，无论是价值分配还是价值专属，都是考虑利益分配比例的过程，因而不同于价值创造中的竞争和合作，价值获取往往都以竞争逻辑为主导。价值分配和价值专属是与竞争或合作不同的价值创造过程的考虑因素，它们关注的是如何划分价值总量以获得更大的利益。在价值获取阶段，企业通过竞争逻辑争取更多的市场份额，从而在价值总量中分得更大比例。市场势力是影响价值获取的关键因素，因为它决定了厂商是否能够制定垄断高价并限制产品供给从而获取更多的消费者剩余。沿着这种思路，许多研究往往借用福利经济学的分析范式表达价值创造和价值获取（Brandenburger and Stuart, 1996；Lepak et al., 2007）。其中，总剩余代表市场出清时创造的总价值，生产者剩余代表厂商获取的价值份额，消费者剩余代表消费者获取的价值份额（高鸿业，2011）。

二、数字经济时代企业价值获取方式革新

1. 从市场导向型到生态系统型

传统时期，企业多以市场导向型为主。市场导向型企业通常

以市场需求为导向，通过销售渠道的拓展、营销手段的创新等方式获取企业价值。然而，这种企业价值获取方式已不能满足数字经济发展的需求。随着数字经济的快速发展，企业需要采用更加开放和多元化的商业模式来适应市场的高质量发展需求。生态系统型企业通过整合产业链上下游的资源，建立开放的生态系统，实现多方价值的共享和交换，并从中获取企业价值。这种商业模式需要以生态系统为基础，将企业的核心资源和能力连接到更广阔的生态系统中，实现生态系统价值的最大化。在数字经济背景下的新产业生态弱化了产业边界的概念，为企业提供了吸纳其他产业元素、设计跨界商业模式的机会。在跨界的生态系统中，不同的产业、行业和思想文化相互交织碰撞，为企业创造了更多的可能性。企业可以通过提供文化、网络应用和个性化服务等多样化产品来满足市场需求，从而有效提高企业的价值获取能力，如数据资产。数据资产（Data Asset）是指组织拥有或掌控的各种格式的数据资源，包括文本、图像、语音、视频、网页、数据库、传感信号等，这些数据可以被计量和交易，能够带来经济效益和社会效益。企业需要关注如何让数据变得有价值，即数据资产化的过程。随着数字化程度的提高，企业可以通过数据分析和挖掘，将数据转化为商业洞察和决策支持，从而将收集到的大量数据转化为有用的资产。数据资产化可以充分释放数据资源的潜在价值，催生更多的数据应用场景，推动数据资产生态建立，实现对数据资产的持续运营。这样，企业的数据资产的业务价值、经济价值和社会价值得以显性化，数据成为企业资产的一部分，从而为业务发展赋能，推动企业高质量发展。

2. 从服务导向型到数据驱动型

服务导向型的企业通常是通过提供服务，满足客户的需求，获取企业的价值。随着数据技术的发展，数据驱动型企业开始兴起。数据驱动型企业通过收集、分析客户数据，深入了解客户需求，精准提供个性化服务，从而获取企业的价值。数据驱动型企业的商业模式创新需要以数据为基础，实现数据的整合、挖掘、分析，以提供更优质、更精准的服务，实现企业价值的最大化。例如，数字化技术的出现为企业提供了多种新的收入或定价模式，如基于订阅、按次付费或混合计费方式等。这些模式不仅提供更灵活和定制化的服务方式，还可以从客户感知价值的增加中获得更多的收益。此外，新兴数字化技术，如区块链等，可以提高参与者之间的透明度，从而改变价值获取机制，促进更大的价值获取。又如"区块链"等新兴数字化技术可以通过提高多个参与者相互之间的透明度来改变价值获取机制。数据驱动型企业的特点与优势具体体现在以下几个方面。

（1）个性化定制。数字技术让企业能够更加聚焦消费者的消费需求，从而提供个性化的产品和服务，为消费者提供独特的使用体验，进而实现产品的附加值的乘数化增长。为了在个性化定制的条件下提高效率并降低成本，企业可以采用模块化的产品设计，这种方式不仅可以降低企业的产品成本，提高企业在价格上的竞争力，还可以为消费者提供更具性价比的产品，从而使企业具有价格优势。除此之外，企业可以利用数据分析和机器学习等技术进行个性化定制，加强企业与客户的沟通使企业更全面地了解与掌握顾客的个性化需求，提高顾客满意度和忠诚度。

（2）人工智能和自动化。企业可以通过人工智能和自动化技术来提高生产效率和质量，降低成本，从而获取更高的价值。例如，许多企业和商家会直接选择智能AI外呼，帮助企业进行业绩增长。因为随着互联网快速发展，企业实现用户增长的过程中离不开市场的开拓，对于销售型的企业来说，电话销售又起到了桥梁的作用，直接连接企业和客户，更是会通过电话开拓自身的市场，寻找目标客户，促进成交。人工销售人员在拨打很多电话后，会有一个疲倦期，对待客户的问题和判断也会显露出个人情绪，会影响工作的进行和企业商机合作。电销机器人则利用智能化语音识别与自然语言处理，可以快速且高效地理解用户需求，通过智能知识库的检索，迅速锁定业务答案，情绪更不会受客户的反应影响，能够一直处于良好的发挥状态，客户满意度会大大被提升。同时，在营销的过程中索取意向关键字，把客户进行 ABCD 分类，整个语音过程实现文本化，自动学习和存储记录，再进行细致的挖掘，把一些有效的沟通信息进行响应，反馈给员工跟进和成交。除此之外，企业的销售人员，对客户进行营销的过程中，最害怕遇到那些没有意向且浪费时间的客户，而对于智能 AI 外呼来说，就减少了这样的顾虑。智能 AI 外呼机器人可以设置统一标准化判定规则，全面抓取并分析客户的语义数据，对潜在客户进行筛选，并根据 ABCD 分类将其储存在系统中，同时全面记录与潜在客户的沟通历程，提高跟踪准确性，帮助销售人员完成筛选，生成客户数据，全面获取客户信息，也减轻了销售人员的工作，提高工作效率，促进企业用户快速增长。

（3）区块链技术。区块链是一个转换工具，这项技术极其擅长跨越组织进行的任务操作，并且能够提供不同各方之间的信息交换与操作管理。它的作用并不在于成为用户当前使用的数据库的替代品，而是提供了独特的功能，可以在企业之间共享信息，在一定程度上有利于民主化的参与工作。除此之外，区块链平台可以实现直接互联，或者通过专业的智能平台互联。因此，这项技术的项目可以在 6~8 周的时间内执行试点工作，将时间大幅度地减少。无需在经历通过识别关键性能指标来生成可观察的业务价值，又再将当前性能和期望的结果进行比较，最终构建出业务用例等一系列烦琐的操作后，才开始项目试点。区块链技术为企业带来了新的商业模式和机会。企业可以利用区块链技术来构建去中心化的商业生态系统，通过共享、可追溯、透明等特性提高业务效率和信任度。例如，使用区块链技术进行数字货币支付、物流跟踪等。

（4）数字化营销。在数字经济下，企业可以通过各种数字化营销手段来吸引和保持客户。例如，通过搜索引擎优化、社交媒体、电子邮件等数字渠道进行营销推广，提高品牌知名度和销售额。数字营销具有众多竞争优势，它可以将产品的调查、客户的意见、盈利的结果等通过数字化媒体进行整合，实现一对一的沟通，达到比传统营销更为优秀的营销效果，数字营销在传统的营销方式上加入了更多新的特点：首先，数字营销具有集成性，可以快速响应客户的需求，属于全程的营销渠道。前台服务与后台售后紧密集成，通过互联网对不同的营销活动进行统一规划，避免服务活动出现前后不一而收到差评。其次，数字营销让产品信息更加丰富，网络信息可以更清楚地展示产品的种类、形象以及使用方法等，用户可以了解到详细信息，消费更加放心。最后，数字营销拥有更加灵活的市场，根据用户对产品种类需求的统计，可以随时调整供应，也可以发挥创新，网络可以直接跨越多种限制满足客户需求。由于可以利用数字产品的各种特性，数字营销在网络上发挥了极大的作用，也令企业能够从中获取新的价值。

3. 从产品导向型到平台为中心

传统的企业通常是以产品为中心，通过生产、销售、营销等环节获取企业价值。然而，这种产品导向型的商业模式在当前市场环境下已经不能满足企业的需求。随着科技的发展，以及消费者需求的变化，企业需要将自身转变为平台型企业，以更好地满足消费者的需求。平台型企业通过构建自身的平台，汇聚各类资源，建立开放的生态系统，实现多方价值的共享和交换，从而实现企业的价值获取。通常来说，数据赋能是企业通过智能、连接和分析能力不断积累和整合客户关系和信息资源的过程。其中，智能能力是指利用软硬件设施感知和捕获各类信息，特别是用户信息，减少人为干预；连接能力是指通过无线通信网络连接平台及其数字化产品；分析能力强调将海量数据转化为有市场价值和可操作性的经营策略。

基于数据赋能，企业可以成为信息优势的接口和连接不同用户的交互平台，从而推动平台与用户之间的价值共创，并以效率（efficiency）、互补性（complementarity）、锁定（lock-in）和新颖性（novelty）为驱动力，不同阶段的作用和显著性会有所不同，但总体来看，这四个因素相互影响，共同促进企业价值的创造。通过提高用户支付意愿，平台可以实现价值获取，而数据赋能则可以将潜在价值转化为实际价值，并优化和丰富平台的收入模式。例如，共享经济是一种新型经济模式，它利用互联网将社会上的闲置资源和需求集中到一个平台上，采用数字化匹配对接进行交易，让供方获得报酬，需方获得闲置资源的有偿使用权。在数字经济的背景下，共享经济成为一种新的商业模式，企业可以通过提供共享的资源和服务来获取价值，如共享经济平台、共享出行、共享住宿等。《中国共享经济发展报告（2023）》指出，到2022年，共享出行、生活服务等领域的共享经济市场格局加速重塑，竞争更加激烈，而平台企业的合规水平不断提高，合规化已成为新的竞争焦点，也成为平台企业竞争优势的重要组成部分。治理规则和制度规范也在持续完善，执法力度加大，市场秩序不断得到规范。报告分析认为，从发展趋势上看，未来我国共享经济发展的政策环境将更加优化。国家层面对平台经济和平台企业发展的定位更高、政策基调更加积极。平台经济监管走向常态化、制度化将进一步稳定市场预期和信心。个体工商户等市场主体参与共享经济创新发展的营商环境也将更加完善。在数字经济整体发展中，共享经济新业态的作用将受到进一步关注和强调，成为各地拼经济扩内需的重要抓手。同时，层出不穷的技术创新也将为共享经济发展带来新机遇。

三、企业价值获取驱动企业高质量发展的机制分析

1. 研究平台企业价值获取的理论依据

由于研究视角的限制，对于企业价值获取的逻辑和机制众说纷纭。当前理论的纷争和单一视角的局限使研究者很难以更高的视角看待价值创造和获取。然而，随着研究的深入，一些学者开始认识到要以更高的视角来更全面地理解企业价值创造过程，而不是"管中窥豹"或"盲人摸象"式的理解。具体来说，研究思路的变化体现在以下三个方面。

第一，在20世纪末，一些研究者提出了"价值基础理论"，其中Brandenburger和Stuart(1996)强调回归企业价值创造与获取的基本问题。基于此理论，企业价值创造可以用公式 $V = WTP - OC$ 来表示，式中：V代表创造的价值；WTP代表用户或消费者愿意支付的价格；OC代表机会成本。为了提升价值创造，企业需要聚焦在提升消费者支付意愿和降低机会成本这两个方面，从而形成四种价值基础战略(Value-based Strategy)。而在创造价值的基础上，企业需要通过定价来获取价值份额。这种理论为企业价值创造和获取提供了新的思路和方法(Brandenburger and Stuart, 1996)。

第二，价值创造与价值获取的研究基于消费者收益体验视角(Consumer Benefit Experienced，简称CBE)及消费者视角，从最近的研究来看，消费者或用户在企业创造价值的过程中的作用日益突出。这也强调了价值共创(Value Co-creation)或价值互动(Value Interaction)的重要性(Lepak et al., 2007; Pitelis, 2009; Priem, 2007)。Wang和Wei(2007)指出价值共创即利益相关者通过互动，

结合各自的资源创造价值。在平台环境下,平台企业并不直接创造价值,而用户参与价值共创的现象更加明显。在平台情境下,Van Alstyne等(2016)的研究表明,平台企业和用户之间的互动是平台发展的重要因素。

第三,近期以来,一些主流理论的倡导者开始重新思考关于价值创造与价值获取的问题,并认为企业价值创造研究需要结合不同的理论视角,以发掘更有价值的内在逻辑。这表明在价值创造和获取方面的理论探究需要不断深入,以使其更加符合实际、更加全面。举例来说,乔伊·巴尼是资源基础观(Resource Based View,简称RBV)的代表人物,他认为在解释收益专属时,RBV需要结合利益相关者理论,将利益相关者视为创造和分享价值的主体(Barney,2018;Jia et al.,2018)。同时,动态能力理论也强调整合基于互补性资产的创新获利理论(Profit From Innovation,简称PFI理论)对于平台企业创造和获取价值的重要性。其他学者如Dyer等(2018)、Lieberman等(2018)以及Teece(2018b)则从组织间关系视角探讨价值创造和获取,认为需要更全面、更动态地考虑和衡量价值创造和获取过程。这些理论和观点的提出,表明关于企业价值创造和获取的研究需要更深入、更全面,以探寻更有价值的理论视角。

在平台企业的背景下,结合三种研究趋势来探讨平台企业的内在价值获取机制十分必要。虽然平台企业并非生产者,但是却连接了多方面的市场资源。此外,平台企业已经有了资源基础,这虽然仍然是影响平台建设的基础条件,但并不是决定平台价值创造的核心因素。因此,针对平台企业内在机制的价值获取进行研究,对推进企业价值创造和获取具有重要的意义。基于这些分析,本书的核心是价值基础理论,在理论框架的基础上整合和提炼平台企业内在机制的价值获取。

2. 平台企业价值获取的内在机制

根据价值基础理论和价值获取理论，平台企业在机会成本一定的情况下，其获取的价值份额取决于定价策略、成本控制和收益模式（Brandenburger and Stuart，1996，2007；Gans and Ryall，2017）。然而，在平台企业与供需方参与用户的关系更为复杂的情况下，组织间关系从对偶关系转变为三角关系，使价值获取的博弈逻辑也发生了改变，平台企业如何利用三方博弈获取专属价值成为难点。因此，平台企业需要通过提升对供需方用户的依赖优势，来获取专属收益。依赖优势是非对称依赖（Asymmetric Interdependence）的一种体现形式，强调优势方对劣势方的依赖程度低于劣势方对优势方的依赖程度（Bensaou and Anderson，1999；Pfeffer and Salancik，2003）。同时，由于优势方难以替代的异质性资源造成参与主体之间在关键决策权力、资源分配使用和收益划分的不对称性（Dyer and Singh，1998），故而从资源依赖视角来看，平台企业需要投资竞争性资源和说服性资源，以提升对供需方用户的依赖优势，从而获取专属价值。

因此，本书将详细阐释基于依赖优势逻辑下企业的规则主导、网络效应和用户锁定这三条价值获取路径推动企业高质量发展的机制。

（1）规则主导。每个平台企业在市场上都有其独特的互动规则，包括准入规则和激励规则。在准入规则方面，平台企业设置了一系列条款，如用户缴纳保证金、注册、签订契约和学习流程等，以吸引更多的供需用户进入平台。在激励规则方面，平台企业采用定价方式和奖惩规则来约束供需方用户的行为空间。只有遵守这些互动规则，供需方用户才有可能被平台企业接纳。因此，平台企业的互动规则是一种具有说服力的资源。通过规则主导，平台企业可以增加对供需方用户的依赖程度，从而取得竞争优势。

（2）网络效应。Parker 等（2016）认为平台企业通过连接供应方和需求方用户，实现双方需求的匹配，并积极引导用户互动。这个过程不仅可以不断激发和扩大网络效应，还可以促进共同成长。

平台是由双边客户和平台企业构成的一张无形的网络，平台企业占据网络的中心位置，为平台的双边客户提供搜寻、配对、支付等基础服务，联接买方和卖方，调节双方的市场需求，控制信息在网络中的流动。交易之前，买方与卖方之间一般缺乏直接联系；同时，双边客户之间一般也较少联系。因此，平台企业所占据的网络中心位置，具有支配整个平台网络的优势。

具体而言，平台企业拥有两个方面的优势：一是信息优势，二是控制优势（也称第三方优势）。从信息优势来看，结构洞可以区隔非冗余信息，平台企业获得的信息资源是增加的，而非重叠的。从控制优势来看，平台企业能够在彼此无直接联系的双边客户之间牵针引线，担任经纪人或中间人的角色，控制双边客户之间的资源流动。最终，控制优势和信息优势，一方面赋予平台企业以收费权利，向客户（单边或双边）收取会员费和交易费；另一方面又赋予平台企业开发信息产品的独一无二的地位，获取数据增值服务收入。

需要进一步说明的是，网络效应还会导致进一步的价值"攫取"行为。在平台网络中，平台企业地位的非对称性将转化为相互依赖的非对称性。位于平台企业两端的双边客户高度依赖平台企业，而拥有强势地位的平台企业往往能够较为自由地转换关系伙伴，降低对现有伙伴的依赖，进而能够制定有利于自身利益的制度安排。

（3）用户锁定。用户锁定（lock-in），指客户基于高满意度和客户忠诚，或基于高转换成本等，长期重复购买和使用平台提供的产品或服务，放弃加入替代平台。因此，这是一种价值驱动型的锁定。

作为双边市场，平台企业具有强大的网络外部性，包括同边网络外部性和交叉网络外部性。平台企业首先根据双边客户的价格弹性差异，使用不对称的价格策略（免费）吸引对价格敏感的客户，当这些客户数量达到一定数量（引爆点），就会产生巨大的交叉网络外部性，对另一边客户产生强烈的吸引，另一边客户会纷纷加入平台来收割并获取这种网络外部性的价值。当平台企业的客户数量达到引爆点后，会带动双边客户数量的迅速增加。同时，客户数量的增加也会进一步增强平台企业的外部性效应，降低交易成本，并提高转换成本，最后形成"赢者通吃"的局面和客户锁定效应。通过锁定客户来提升市场力（market power），一直是任何企业都梦想实现的营销状态。由于平台生态系统里，客户存在多栖性（multi-home）特征，客户锁定在平台对平台企业避免和减少"价值转移"具有尤其重要的特殊作用。

Rochet 和 Tirole（2004）通过区分同边网络外部性和交叉网络外部性解释平台企业收取会员费和交易费的机制。他们认为，成员外部性是平台一边客户对另一边客户带来的潜在价值增值，属于交易前的外部性，另一边客户必须事前付费（会员费），才能得到收获这种价值增值的权利。同时，事前付费还可以在一定程度上弱化平台企业与客户之间的逆向选择及道德风险。他们还指出，使用外部性是属于交易事后的，只有通过平台服务交易，客户才能使这种潜在价值转化为实际价值，也必须付费（交易费）。外部性是一种价值溢出，外在于市场机制，需要借助界定产权加以矫正。平台通过收取会员费和交易费，正是将外部性溢出的价值纳入双边市场价格体系的产权界定。实际上，客户锁定是平台企业价值获取的基础机制。如通过客户锁定，实现对客户注意力和其沉淀在平台上资源的锁定，实现广告费收入、增值服务收入和跨界收入。

综上，平台企业类似于投资竞争性资源和说服性资源的方式，通过平台控制方式（规则主导、网络效应和用户锁定）增加了平台企业对供需方用户的依赖优势，从而获取专属收益。

第二节 典型案例分析——企业价值获取方式的革新之路

近年来，随着商业模式创新的不断推进，越来越多的企业开始转变自身的经营模式，探索新的价值获取方式。本节介绍三个革新企业价值获取方式的典型案例。

一、Netflix

Netflix 是全球最大的在线流媒体平台之一，提供大量的电影、电视剧等娱乐内容。在其创立初期，Netflix 主要提供 DVD 租赁服务，但随着市场需求和竞争压力的变化，Netflix 不断进行商业模式创新和转型，实现了企业价值的获取。以下是 Netflix 在商业模式创新下企业价值获取方式的革新的案例。

首先，Netflix 采用了订阅制商业模式，这是其商业模式创新的核心。Netflix 通过向用户提供定期付费的全球服务，实现了一种基于订阅的业务模式。用户可以根据自己的需求选择不同的订阅计划，并享受不同程度的服务和内容。这种商业模式的优势在于用户可以自主选择和管理自己的消费，而 Netflix 可以根据用户的反馈和数据分析来优化其服务，提高用户体验和满意度。

其次，Netflix 通过自主制作和发行原创内容实现了竞争优势和品牌价值的提升。Netflix 自主制作和发行了多部备受好评的原创电影和电视剧，如《纸牌屋》《黑镜》《巫师》等。这些内容不仅可以吸引更多的用户，提高平台的品牌价值，还可以节省版权费用，提高盈利能力。

再次，Netflix 注重数据分析和算法优化，以提高用户体验和服务质量。Netflix 在其平台上通过大数据分析来预测用户喜好和需求，提供个性化的推荐服务，提高用户的满意度和忠诚度。同时，Netflix 还采用算法优化和人工智能等技术手段来优化内容推荐、视频压缩、缓存管理等方面的服务，提高了平台的效率和用户体验。

最后，Netflix 还采用了全球化战略，通过跨足国际市场实现了企业价值的进一步提升。Netflix 在全球范围内提供服务，并根据不同地区的文化差异和市场需求进行相应的内容调整和本地化服务，提高了服务的质量和用户的体验。

总的来说，Netflix 在商业模式创新的过程中，通过订阅制商业模式、自主制作和发行原创内容、数据分析和算法优化、全球化战略等手段，实现了企业价值的获取和提升。这些创新和转型让 Netflix 得以不断扩大其业务范围和用户群体，提高其盈利能力和品牌价值。同时，这也为其他企业提供了借鉴和启示，表明商业模式创新是企业发展的必要途径之一。

Netflix 的商业模式创新也对整个娱乐产业产生了深远的影响。Netflix 的成功促使其他传统娱乐公司也开始重视网络娱乐服务，包括迪士尼、华纳兄弟等。这些公司纷纷推出了自己的在线流媒体平台，以追赶 Netflix 在线娱乐领域的领先地位。Netflix 的成功不仅是一种商业模式的创新，也是一种颠覆性的力量，推动整个行业向更加数字化、智能化、用户体验优化的方向发展。在未来，随着数字技术和用户需求的不断变化，商业模式创新将继续成为企业发展的重要手段。无论是新兴的互联网企业，还是传统产业的企业，都需要不断寻求商业模式创新和转型，以适应市场和用户的需求变化，实现企业价值的获取和提升。

二、美团

美团是一家中国领先的本地生活服务平台，提供餐饮、酒店、外卖、旅游等多种生活服务。在其创立之初，美团仅是一个团购网站，但随着市场和用户需求的变化，美团不断进行商业模式的创新和转型，从而实现了企业价值的获取。

首先，美团通过平台生态的建立实现了多元化收入来源。除了传统的餐饮、外卖、酒店等业务，美团还开展了在线教育、互联网金融等业务。例如，美团旗下的美团乐学是一家在线教育平台，提供从幼儿园到高中的全年级课程。此外，美团金融也推出了多种金融产品，如借贷、理财、保险等。通过多元化的业务布局，美团可以从不同的业务领域获得收入，提高企业的盈利能力。

其次，美团在商业模式中融入了社交网络元素，通过社交化的服务获取更多的价值。在美团点评中，用户可以在评论、评分、分享等环节进行社交互动。美团还推出了"闪购"功能，通过社交化的购物体验吸引更多的用户。此外，美团还开发了微信小程序等社交媒体渠道，使用户与商家、服务之间的联系更加紧密，提高了用户满意度和忠诚度，进而促进了企业价值的增长。

再次，美团还通过自身平台的开放性实现了生态价值的共享。美团打造了"开放平台"和"云市场"，允许第三方开发者在美团的平台上开发应用程序，实现共享价值。例如，美团开放平台可以让餐饮、酒店等行业的第三方开发者与美团合作，通过数据分析和共享来提高服务质量和用户体验。这样，美团不仅可以通过自身的业务实现收益，还可以让生态内的合作伙伴分享收益，进一步提升企业的品牌价值和市场份额。

最后，美团在商业模式创新下也注重用户体验和数字化转型，从而进一步增加了企业价值。美团采用了人工智能、大数据等技术手段来优化用户体验,如通过数据分析和算法预测用户需求,提供个性化的推荐服务,增强用户黏性和忠诚度。此外,美团还开发了一系列数字化服务,如在线支付、无人配送等,提高了服务的效率和用户的便利性,进一步提高了企业的价值。

总的来说,美团在商业模式创新的过程中,通过平台生态的建立、社交网络元素的融入、生态价值的共享、用户体验的优化和数字化转型等手段,实现了企业价值的获取和提升。这些创新和转型让美团得以不断扩大其业务范围和用户群体,提高其盈利能力和品牌价值。同时,这也为其他企业提供了借鉴和启示,表明商业模式创新是企业发展的必要途径之一。

三、欧马腾会展平台

本节选择创立于 2014 年的互联网会展平台欧马腾会展平台为研究对象,具体理由如下:第一,遵循案例选择过程中的典型性原则。欧马腾会展平台是一家垂直于会展领域的 B2B 平台,成立仅 9 年多时间已发展成为互联网会展领域的领先平台。第二,拥有典型的阶段性特征。欧马腾会展平台成立至今经历了初创期和成长期两个显著不同且特点突出的阶段,在这两个阶段针对性地解决了传统会展行业部分痛点问题,如展台搭建施工质量无法得到保证、展台资源浪费情况严重等。第三,数据赋能作用显著。欧马腾会展平台运用大数据技术将传统的线下会展业务转移到线上平台,实现了从办展、参展到观展的全产业链信息化、个性化和智能化管理。

目前,欧马腾会展平台旗下有五个品牌产品,分别是模型云、审图监理、展台保、展位代缴押金和环保展台。其中,模型云是全球线上全类别 3D 模型设计分享平台,提供一站式的设计需求满足、设计参考和设计变现;审图监理负责展台从图纸到搭建到撤展的全流程线上监督；展台保用于托管第三方资金，保障参展商和服务商的资金安全；展位代缴押金是针对展览公司的金融服务产品；环保展台则以绿色环保材料组建模块化展台，实现展台循环利用。

欧马腾会展平台的发展历程可以划分为初创期和成长期两个阶段，随着关键业务的不断拓展和多样化提升，平台从原来的简单交易撮合向环保展台、押金代缴、大数据服务等方面发展。在这个过程中，设计师、展览公司、欧马腾会展平台、参展商和原料供应商共同实现了价值创造。本节通过分析欧马腾会展平台的数据赋能驱动价值创造和获取机制，并采用"情境—问题—解决—结果"的循环原则，来增强案例研究的逻辑性。

1. 初创期（2014年9月~2017年9月）

在创业初期，母公司推出了欧马腾会展平台的官方网站，逐步聚集了设计师、展览公司和主办场馆等会展业服务商。这个平台为参展商提供会展设计、展馆搭建、审图监理等服务，并通过数据赋能实现了参展商和服务商（如设计师、展览公司、场馆等）之间的有机连接。同时，欧马腾会展平台拓展了全新的会展业市场空间。

（1）数据赋能促进价值创造的机制。

1）智能能力。类似其他网络平台，互联网会展平台通常会利用智能软硬件配置，向用户提供成本较低的产品（服务）信息，并且通过感知和获取用户的资料信息、产品使用信息等数据，提高对用户群体的认知和了解程度，从而降低相互之间的信息不对称。以欧马腾会展平台为例，其在初创期就提供了用户注册、模型上传、订单发送、人工客服、使用评价等功能服务，积累了大量与客户画像、客户需求、展台模型、展览公司资质、产品体验反馈等有关的信息，这奠定了他们开发平台算法实现业务匹配和数据分析需求挖掘的基础。

2）连接能力。互联网会展平台的连接能力分为人与信息的连接和信息与信息的连接两个方面。一方面，人与信息的连接是指参展商可以通过无线网络技术连接到平台，从而获得服务商提供的产品信息，并与之建立联系，从而增加对产品的了解和认识。参展商可以通过欧马腾会展平台网站的连接，浏览展览公司或设计师等服务商上传的大量展台模型和现场展台照片，从而获得"所见即所得"的效果。这种连接方式实现了人与信息的互通，为服务商提供的产品提高了透明度，同时也通过授予参展商获取信息的权力，完善了参展商的权利，减轻了他们的顾虑。另一方面，信息与信息的连接指的是用户可以通过软硬件设备连接到平台，并在平台上传递和反馈需求信息，从而降低搜寻业务伙伴信息的成本。这种交互能够降低平台用户搜寻业务伙伴的信息成本。欧马腾会展平台通过收集参展商的布展需求信息，借助后台智能算法在服务商上传的模型库中挑选出与参展商需求相匹配的三份设计模型。这个过程实现了服务商和参展商之间的信息交互，推动了业务匹配的完成。当然，这个连接能力的大小会受到交叉网络效应的影响。随着平台上服务商的增多，参展商招标需求得到满足的机会也会增加。此外，连接到欧马腾会展平台的参展商越多，也会激发更多服务商的设计可视化产品在平台上展示，从而提高业务匹配效率。这两种连接能力的大小受到交叉网络效应的影响，即平台上吸引更多服务商和参展商可提高业务匹配效率。此外，互联网会展平台还可以借助智能软硬件收集的用户信息进行分析和挖掘，开发创新服务以提高用户满意度和交易撮合效率。这样做不仅可以与原有产品形成垂直功能互补，更重要的是实现对用户的有效锁定。

3）分析能力。互联网会展平台通过收集智能软硬件获取的大量用户信息，能够对不同用户的个性化需求进行分析和挖掘，进而开发创新服务，提高交易撮合效率和用户满意度。这样做不仅可以与现有产品形成垂直功能互补，更重要的是能够有效地锁定用户。欧马腾会展平台通过在网站主页上设置用户评价系统，收集和展示参展商对设计师、展览公司等服务商提供产品和服务的满意度数据，并据此对服务商进行等级评价，高等级的服务商更容易得到下次业务匹配时的优先选择，从而鼓励他们提供高质量的服务。服务商积极遵守平台规则，注重工程进度、搭建质量、展台拆除、展区卫生等问题，与参展商积极沟通，满意度提升则会提高参展商对平台的信赖，增加他们的用户忠诚度。此外，为解决传统会展业中参展商对展台搭建流程不熟悉、远程监督难等问题，欧马腾会展平台还提供线上监理服务和第三方支付业务服务，以协助参展商尽可能管控展台搭建过程中的问题，并确保参展商的资金安全。

（2）价值获取及其表现形式。在上述数据的基础上，初创期欧马腾会展平台可以通过三种方式获得价值。首先，通过高效的业务匹配不断吸引服务商入驻平台，从而得到服务商的入驻费用；其次，平台可为参展商和服务商提供业务匹配，赚取业务匹配成功后的双向服务费或中介费；最后，为了提供监理服务，平台还可收取前期线上图纸审核的审核费，以及展台施工搭建过程中的监理费。

2. 成长期（2017年10月至今）

随着业务的逐渐扩大，欧马腾会展平台进入了成长阶段。在这个阶段，该平台进行了技术升级，包括重新架构官方网站和更新平台智能算法。这些升级使平台能够开发出更多创新业务，并向产业上下游延伸，进一步提升了平台在整个行业中的品牌影响力。

(1) 数据赋能促进价值创造的机制。

1) 智能能力。随着平台企业进入成长期，为了提高客户的满意度和扩大市场份额，往往会进行信息技术相关软硬件设备的升级，以更加智能主动地感知和获取用户信息，并第一时间回答用户的产品相关问题，以提高平台的客户服务响应效率。母公司重新设计了欧马腾会展平台网站的结构，以提高行业信息发布、产品展示、网站程序和数据库等服务的效率。此外，其在该平台上增加了订单智能管理系统，使注册客户仅需填写展会地点、展台面积和联系方式等办展需求信息即可获得三份设计方案和报价，实现平台资源的动态分配和及时响应。

2) 连接能力。一方面，在这个阶段，平台的连接能力包括人与信息、信息与信息和人与物的连接。相较于初创时期，成长阶段的人与信息、信息与信息的连接在数量和种类上都有了显著的增长。这加强了平台在多边市场中数字中心的作用。由于平台的互补性服务特征和基于网络外部性的用户锁定效应变得更加明显，因此其数字枢纽作用进一步得到了加强。在此案例中，欧马腾会展平台通过吸收家具建材市场、家具制造工厂等原材料供应商及展馆成为其平台用户，成功地打通了会展产业链上下游，大大丰富了平台用户生态。因此，不同用户的互补性需求更加得到满足，用户对平台的使用价值得到增强，进而提高了用户对平台的满意度和忠诚度。另一方面，人与物的连接。展览公司与原材料供应商、参展商与展馆之间建立了有效的人与物连接，并降低了相关用户的搜索成本。这种连接不仅有助于平台主营业务的拓展，也展现了其高效和创新。欧马腾会展平台不仅成功地促成了服务商与参展商之间的业务撮合，还将其拓展至展览公司与供应商、参展商与主办展馆之间的业务联系，并扩大了合作伙伴的选择范围。这些撮合连接的建立使平台用户的业务伙伴选择更加多元化。此外，一旦双方建立业务联系，平台还可以带动线下实物销售和现场布展活动的发生。

3）分析能力。随着平台连接用户数量不断增加，用户信息的收集和处理也在不断扩展。这为平台提供了便利，让其能够升级算法并精准挖掘用户个性化需求。平台依靠更强大的信息分析能力不断创新，不同业务之间的功能互补性也得到了进一步的加强，用户对平台的满意度也随之提高。在该案例中，欧马腾会展平台借助历史匹配记录和用户反馈信息，改进和升级了初创期平台算法，提高了业务撮合成功率。同时，通过分析用户信息，发现部分参展商的展馆搭建预算有限，存在资金不足的问题。为此，欧马腾会展平台开发了两类新产品/服务，一是展馆押金代缴，即代替展览公司缴纳布展押金，并收取一定的手续费用；二是环保展台，将之前已经使用过的实物展台进行二次回收并销售给后续有相似布展需求的参展商。参展商数量越多，展台循环利用所带来的成本优势也更高，从而实现更可持续的会展绿色发展。

（2）价值获取的表现形式。在成长期的欧马腾会展平台利用上述数据的过程中，创造了多种价值，并实现了收入模式的多元化。除了初创期的服务商平台入驻费、监理费和业务撮合中介费，还包括了用户充值费、环保展台二次销售、代缴押金手续费和大数据分析服务费。用户在平台充值后，可以在欧马腾会展平台网站上获取高清效果图；环保展台在欧马腾会展平台网站上循环销售，带来多次收益；大数据分析服务费则为行业相关主体提供大数据分析，从而获得收益。

（3）进一步讨论。欧马腾会展平台利用数据赋能，旨在提高交易撮合效率，通过连接多个用户和不断开发互补性产品来满足用户需求，进一步布局会展业全产业链，提供一站式参展体验。数据赋能的作用在平台发展的不同阶段呈现出不同的价值创造和价值获取特点。在初创阶段，平台采用线上撮合模式和信息优势开发互补性产品，以中介费为主要收入形式。在成长阶段，平台实现资源动态分配和网络外部性放大，进一步创新业务和提高业务匹配效率，丰富价值收入模式。欧马腾会展平台的数据赋能策略与平台发展阶段相匹配，旨在为用户提供更全面的参展体验和更高效的交易撮合服务。

1）初创阶段，欧马腾会展平台采用了一种与传统线下交易撮合不同的中介模式，利用信息技术线上感知用户信息并建立连接，实现参展商和服务商的线上交易撮合。在此基础上，平台基于信息集散带来的优势，有针对性地开发了互补性产品，如监理服务和展台保等，有效解决了参展商在信息不对称方面面临的问题，满足用户需求并实现用户锁定，且以中介费为主要形式获取价值。

2）在成长阶段，欧马腾会展平台通过数据赋能实现迭代，动态分配平台资源，扩大网络外部性，提高用户黏性。同时，通过用户信息挖掘创新业务，如环保展台、代缴押金、大数据服务等，提高新产品与老产品之间的互补性，以及业务匹配效率和效果，丰富平台的价值收入模式。

通过上述三个成功案例的介绍，我们可以看到，商业模式创新下的企业价值获取方式的革新，不仅可以提高企业的竞争力和市场份额，同时也能够提高客户体验和满意度，实现企业价值的最大化。

第八章

研究结论与政策建议

第一节 研究结论

本书基于数字经济背景,在回顾相关研究文献、掌握企业高质量发展与商业模式创新的研究现状和未来发展趋势以及商业模式创新与企业高质量发展的内在逻辑的基础上,系统阐释了商业模式创新驱动企业高质量发展的机制和路径,并详细剖析典型案例加以印证,得出了较为可靠的研究结论,具体总结如下。

第一,国内外有关企业高质量发展的内外部影响因素、商业模式创新的经济后果及商业模式创新实现机制与路径三个方面的相关研究已经取得了非常丰硕的研究成果,但是鲜有文献基于数字经济时代背景考察商业模式创新驱动企业高质量发展的机制和路径。而数字化是企业实现商业模式创新的重要情境,利用数字技术革新商业模式是颠覆式的创新,也是这个时代的主题曲。因此,本书研究数字经济时代商业模式创新驱动企业高质量发展的机制与路径,有助于满足学术界拓展相关理论和实务界提供实践指引的双重需求。

第二,通过科学界定数字经济时代商业模式创新内涵,梳理商业模式创新要素，勾勒数字化商业模式画布、可持续商业模式画布及数字经济时代可持续性商业模式画布实现场景，本书发现企业在实际运营中，所处的场景千姿百态，处于不同场景的企业应基于自身的战略框架和已有的商业模式基础，选择或者变更相应的设计场景。在数字经济背景下，基于商业模式所处场景，本书识别出市场利用型、技术利用型、市场探索型和技术探索型四种商业模式衍生式创新类型。不同的商业模式衍生创新类型在价值主张、价值创造和价值获取方面有所差异。另外，本书从商业模式演化中的探索期、发展期和拓展期三个阶段，将商业模式创新阶段划分为平台模式、社群模式和生态系统模式。

第三，一方面，通过梳理商业模式和企业高质量发展的概念，可以发现两者概念相互融合。此外，企业高质量发展与商业模式的最终目标具有同质性，所以理论上商业模式和企业高质量发展存在密切的逻辑关系。另一方面，本书从效率型商业模式创新和新颖型商业模式创新两个方面阐述商业模式创新与企业高质量发展的实践，并列举亚马逊、百特医疗、真功夫和鑫颢科技的典型案例例证效率型商业模式创新可以推进企业高质量发展。同时，选择秒银科技、陕鼓动力和中兴精诚阐明新颖型商业模式创新能够促进企业高质量发展。

第四，通过界定企业价值主张的内涵，阐述传统的企业价值主张和数字经济时代的企业价值主张，深入剖释价值主张驱动企业高质量发展的内在机制，并详细分析 Airbnb 公司价值主张革新之路的典型案例，发现企业价值主张创新在内在机制和案例公司价值主张创新实践中都对企业高质量发展起着核心作用。

第五，通过界定企业价值创造的内涵，系统剖析企业价值创造通过大数据应用、互联网嵌入及 ESG 实践三条路径推动企业高质量发展的作用机制，并深入解析顺丰公司价值创造方式革新之路的典型案例，验证了企业价值创造创新在作用机制和案例公司价值创造创新实践中都对企业高质量发展起着关键作用。

第六，通过界定企业价值获取的内涵，介绍数字经济时代企业类型的演变情况，系统阐释平台企业价值获取方式革新推动企业高质量发展的作用机制，并深刻剖析 Netflix、美团和欧马腾会展平台三家平台企业价值获取方式革新之路的典型案例，证实企业价值获取创新在作用机制和案例公司价值获取创新实践中都对企业高质量发展起着重要作用。

第二节 政策建议

在数字经济时代，商业模式创新是驱动企业高质量发展的有效途径。本书依据研究结论，尝试从企业价值主张、价值创造和价值获取三个维度，基于国家、行业与企业三个层面提出相应的政策建议，以促进企业革新商业模式，从而助推实体企业高质量发展。

一、企业价值主张维度的政策建议

1. 政府层面

（1）政府可以制定相关的政策和法规，为企业提供支持和激励，鼓励其优化价值主张。这些政策可以包括减税、补贴、奖励措施等，以鼓励企业在产品质量、技术创新、环境保护等方面做出更好的表现。

（2）政府可以加强知识产权的保护和执法力度，维护企业的创新成果和价值主张。通过建立健全的知识产权制度和加强执法力度，政府可以提高企业对知识产权的重视程度，促进创新和技术进步，优化企业的价值主张。同时也需要加强数据隐私和安全保护，建立完善的数据隐私和安全法律法规，确保用户数据得到有效保护，提升用户对互联网平台的信任度。

（3）政府可以加大对人才培养和创新能力提升的支持力度。通过设立专项资金或协助提供贷款、开展培训计划和奖学金项目，政府可以帮助企业培养和吸引高素质的人才，提升其创新能力和核心竞争力，从而优化企业的价值主张。

2. 行业层面

（1）行业组织可以制定行业标准和最佳实践指南，帮助企业了解在特定领域内的最佳运营方式和业务模式。这些指南可以包括关于产品质量、安全标准、环境可持续性、社会责任等方面的准则，帮助企业明确并优化自身的价值主张。

（2）行业组织可以组织培训课程、研讨会和工作坊等活动，向企业提供相关领域的培训和教育资源。这些资源可以帮助企业了解市场趋势、新技术和创新，提升其对市场需求和客户期望的理解，从而更好地优化自身的价值主张。

（3）行业组织可以建立平台或论坛，促进企业之间的信息共享和交流。通过定期举办会议、研讨会或论坛，企业可以分享彼此的经验和成功案例，学习借鉴行业内其他企业的优秀做法，以优化自身的价值主张。

3. 企业层面

（1）企业应该以顾客为中心深入了解顾客需求，通过数据分析和用户反馈，不断优化互联网平台的用户体验，提供个性化的产品和服务，满足用户的个性化需求，提供个性化的解决方案，从而提升顾客满意度并建立长期的客户关系。

（2）互联网平台在现代商业中扮演着重要的角色，对企业的价值主张和业务模式带来了巨大影响。企业应加大对技术创新和研发的投资，不断引入新技术和创新方法，提升互联网平台的功能和性能。同时，企业可以与相关行业的企业建立合作伙伴关系，共同构建开放的生态系统，实现资源共享、共同创新和用户共赢。

（3）企业应加强组织能力，注重组织能力的建设，包括领导力发展、团队合作和业务流程优化，以提高企业的执行能力和运营效率。企业也应建立创新文化，鼓励员工的创新思维和实践，为他们提供自由的创新环境和资源支持，以不断推动企业的创新能力和竞争力，从而不断巩固和优化其价值主张。

总之，企业在促进高质量发展方面应从精准勾勒价值主张画布和有效利用互联网平台两条优化企业价值主张的路径入手，加强与政府机构、行业组织和其他企业的合作与交流，提高产品品质和服务水平，协助企业实现高质量发展目标。

二、企业价值创造维度的政策建议

1. 政府层面

（1）政府应制定支持大数据应用和发展的政策和法规，为企业提供良好的政策环境和法律保障，促进大数据技术的创新和应用。同时，可以增加对大数据相关技术和应用领域的投资，支持科研机构和企业进行创新研发，提升技术水平和竞争力。

（2）为了支持互联网与传统企业的融合发展，政府应加大在网络基础设施建设方面的投资力度，扩大网络覆盖范围和提升网络速度，确保传统企业能够畅通地接入互联网，享受高速、稳定的网络连接。政府还可以积极推动建设工业互联网平台，为传统企业提供统一的数据交换和共享平台，从而提高生产效率和资源利用效率，加速创新和技术迭代，助力企业创造更多价值。

（3）在 ESG 方面，政府可以制定政策支持和激励措施，如资金支持、税收减免和补贴政策，以鼓励企业在环保领域投入和实现绿色转型。同时，还应该完善环境监管机制，加强环境监测和数据收集，并对环境违法行为进行监管和处罚，确保环保法规的执行。最后，还需要加强环境教育，提高公众对环境问题的认识和责任感，通过媒体宣传和开展相关活动普及环保知识。

2. 行业层面

（1）行业组织可以协同制定行业标准和规范，确保大数据应用的安全性、可靠性和合规性，促进行业内数据的共享和交流。行业还应加强对大数据人才的培养和引进，组织相关培训和交流活动，提高从业人员的技术水平和专业素养。

（2）行业组织应当鼓励制造企业进行数字化转型，引导它们将互联网技术嵌入生产、营销和服务环节中。通过采用物联网技术、大数据分析等手段，提升生产效率、优化供应链管理，并且实现个性化定制和快速响应市场需求。此外，行业组织还可以促进不同行业之间的合作，鼓励制造企业与互联网企业、软件开发商等跨行业合作，共同开发新的互联网嵌入型产品和服务。这种合作可以促进技术创新和知识共享，加速行业的发展和转型。

（3）行业组织应当推动绿色技术的研发和应用，开发更环保的生产工艺、产品和服务，实现资源高效利用和废弃物减量化处理。建立行业联盟和制定绿色发展的准则及指导方针，加强行业内部的自律和合作，共同推动绿色化发展。强化企业的社会责任意识，关注环境问题，减少对环境的不良影响。

3. 企业层面

（1）企业应积极探索和建设基于大数据的价值创造系统，整合企业内部各个环节的数据和信息，实现数据的共享和协同，提升企业的运营效率和价值创造能力。企业还需要重视数据的安全和隐私保护，建立健全的数据安全管理体系，采取有效的措施保护客户和企业的数据安全，确保合规运营和信任关系的建立。此外，企业应培养数据驱动的决策能力，通过对大数据的分析和挖掘，提取有价值的信息，为决策提供科学依据，优化运营和提升竞争力。

（2）企业应加强内部信息化建设，建立完善的信息系统和数据管理体系。这样可以更好地应用互联网技术，实现生产过程的智能化管理和优化，提高生产效率和质量水平。为了给客户提供个性化的产品和服务，企业可以建立客户关系管理平台，通过互联网技术收集和分析客户数据，了解客户需求和偏好，这样可以提升客户满意度和忠诚度，增强企业的竞争力。同时，企业应加强对互联网人才的培养和引进，建立专业的互联网团队。这些人才可以帮助企业更好地应用互联网技术，开展创新项目，推动企业的转型和发展。

（3）提高员工的环保意识，开展环境教育和培训，鼓励员工参与环保行动。优化资源利用和生产工艺，通过节约利用资源和能源，减少废弃物和污染物的产生。建立完善的环境管理体系，制定环境保护的管理制度和流程，加强环境监测和问题解决能力。通过在国家、行业和企业层面采取综合的措施，可以促进环境保护和可持续发展的实现。

总之，企业在促进高质量发展方面应从大数据应用、互联网嵌入及 ESG 实践三条价值获取路径入手，加强与政府机构、行业协会和其他企业的合作与交流，提高产品品质和服务水平，助力企业实现高质量发展。

三、企业价值获取维度的政策建议

1. 政府层面

（1）政府可以建立市场准入制度，对市场竞争进行监管和规范，制定反垄断法和消费者权益保护法等。这样可以提高企业市场限制性，遏制不良行业竞争行为，降低企业竞争成本，增强企业的规则主导优势。这也会促进企业集中力量提升产品和服务的质量和效率，进一步增加客户的满意度和信任度。

（2）政府可以增加对数字技术的投资和支持，建立数字基础设施，提高数字技术水平，鼓励科技创新，加强人才培养等措施。这有助于企业的数字化转型，增强企业网络效应，扩大企业市场规模，提高销售量和用户黏着度。政府还可以通过组织产业链上游和下游之间的合作，推动科技进步和创新，提高整个行业的市场竞争力和服务水平。

（3）政府可以加强保护消费者权益，规范市场秩序，加强对虚假宣传、欺诈行为和不合理广告的监管，提高消费者的信任度。政府也可以建立社会信用体系，强化诚信经营的价值观，培养用户价值观的稳定性，进而提升企业用户锁定效应。同时，企业需要提供优质的产品和服务，不断增强用户的满意度和忠诚度，从而建立良好的口碑，进一步提升企业品牌和市场地位。

2. 行业层面

（1）行业组织可以制定行业标准和规范，提高行业的准入门槛，遏制不良行业竞争行为。同时，行业组织可以制定反垄断法和消费者权益保护法等制度，增加企业的合规成本，推动企业规范管理和诚信经营，提高企业信誉，从而获得更多的客户认可和市场信任，增强企业规则主导优势。

（2）行业组织可以促进成员企业之间进行合作和互联互通，加强企业之间的网络效应。例如，行业组织可以搭建行业信息平台，提供共享信息和资源的服务，促进成员企业之间进行技术交流和创新合作，提升行业的整体技术水平和服务质量，从而扩大企业市场规模，提高企业销售量和用户黏着度。

（3）行业组织可以增强行业内用户的稳定性和忠诚度，促进用户锁定效应的发挥。行业组织可以通过加强行业用户体验标准和服务质量监督，鼓励成员企业提供更加优质的产品和服务。同时，行业组织可以为成员企业提供市场调研和用户调研的支持，帮助企业更好地了解和把握用户的需求和行为，提高企业市场竞争力，从而获得更多的市场份额和用户资源。

3. 企业层面

（1）企业可以通过遵守行业规范和标准，遏制不良的竞争行为，发挥自身规则主导优势，从而提高自身的市场竞争力。例如，企业可以自主进行质量控制和安全管理，加强消费者权益保护，提高诚信经营水平，以赢得更多客户的信赖和认可。此外，企业还可以积极参与行业组织和政府机构的相关活动，推进行业自律和规范化管理，共同促进市场健康发展。

（2）企业可以加强与其他企业和组织的合作，共同提高整个产业的水平和知名度，打造有力的品牌联盟。企业可以通过建立共同的信息平台和技术平台，协同创新，加强技术交流和协作。同时，企业还可以加强与用户的互动和交流，提升用户的参与度和忠诚度，增强用户口碑和社交网络效应。

（3）企业可以增强注重用户体验，提高产品的品质和服务水平，增强用户黏性和忠诚度，获得更多的用户资源和市场份额。为此，企业可以通过独特的设计和创新，打造符合用户需求的产品和服务，提高用户的使用感受。同时，企业可以通过建立和维护良好的信用与声誉，提升用户的信任感和满意度，实现用户的长期忠诚及推荐。

  总而言之，企业在促进高质量发展方面应从规则主导、网络效应和用户锁定三条价值获取路径入手，加强与政府机构、行业协会和其他企业的合作与交流，提高产品品质和服务水平，增加用户参与和信任，扩大市场份额和竞争优势，助推实现企业高质量发展。

参考文献

[1] Aase G, Kim D, Lehmitz S, et al. Getting value from advanced digital technology[J]. Gasworld Incorporating CryoGas International, 2021,59(7):24-25.

[2] Adner R, Puranam P, Zhu F. What is different about digital strategy from quantitative to qualitative change?[J]. Strategy Science, 2019,4(4):253-261.

[3] Afuah A. Innovation Managment: Strategies, Implementation and Profits[M]. Oxford: Oxford University Press, 2003.

[4] Airbnb. Prospectus[EB/OL]. https://www.sec.gov, 2020-11-16.

[5] Alexander O. The business model ontology: A proposition in a design science approach[D]. Lausanne: Université de Lausanne, 2004.

[6] Amit R, Zott C. Business model innovation strategy: Transformational concepts and tools for entrepreneurial leaders[M]. New York: John Wiley & Sons, 2020.

[7] Amit R, Zott C. Value creation in e-business[J]. Strategic Management Journal, 2001,22(6-7):493-520.

[8] Amit R, Zott C, 乔晗, 等. 商业模式创新战略[J]. 管理

学季刊,2022,7(2):1-17,185.

[9] Apaydin M, Jiang G F, Demirbag M, et al. The importance of corporate social responsibility strategic fit and times of economic hardship[J]. British Journal of Management, 2021,32(2):399-415.

[10] Aspara J, Hietanen J, Tikkanen H. Business model innovation vs replication: Financial performance implications of strategic emphases[J]. Journal of Strategic Marketing, 2010,18(1):39-56.

[11] Asquith B, Goswami S, Neumark D, et al. U. S. Job flows and the china shock[J]. Journal of International Economics, 2019(118): 123-137.

[12] Ayyagari M, Demirgüç-Kunt A, Maksimovic V. Firm innovation in emerging markets: The role of finance, governance, and competition[J]. Journal of Financial and Quantitative Analysis, 2011,46(6): 1545-1580.

[13] Barney J B. Why resource-based theory's model of profit appropriation must incorporate a stakeholder perspective[J]. Strategic Management Journal, 2018,39(8):1-21.

[14] Barua A, Whinston A B, Yin F. Value and productivity in the Internet economy[J]. Computer, 2000,33(5):102-105.

[15] Bashir M, Farooq R. The synergetic effect of knowledge management and business model innovation on firm competence[J]. International Journal of Innovation Science, 2019,11(3):362-387.

[16] Beck T A. Demirgüc Kunt, Maksimovic V. Financial and legal constraints to growth: Does firm size matter?[J]. The Journal of Finance, 2005,60(1):137-177.

[17] Benner M J, Tushman M L. Exploitation, exploration, and process management: The productivity dilemma revisited[J]. Academy of Management Review, 2003,28(2):238-256.

[46] Einsenhardt K M. Agency Theory: An Assesment and Review[J]. Academy of Management Review, 1989, (14): 54-74.

[47] Eisenhardt K M. Building theories from case study research[J]. The Academy of Management Review, 1989, 14(4): 532-550.

[48] Evans S, Vladimirova D, Holgado M, et al. Business model innovation for sustainability: Towards a unified perspective for creation of sustainable business models[J]. Business Strategy and the Environment, 2017, 26(5): 597-608.

[49] Ferreras-Méndez J L, Olmos-Peñuela J, Salas-Vallina A, et al. Entrepreneurial Orientation and New Product Development Performance in SMEs: The Mediating Role of Business Model Innovation[J]. Technovation, 2021, 108(4): 102325.

[50] Forman C, Van Zeebroeck N. From Wires to Partners: How the internet has fostered R&D collaborations within firms[J]. Management Science, 2012, 58(8): 1549-1568.

[51] Foss N J, Saebi T. Fifteen years of research on business model innovation: How far have we come, and where should we go?[J]. Journal of Management, 2017, 43(1): 200-227.

[52] Franco M A. A system dynamics approach to product design and business model strategies for the circular economy[J]. Journal of Cleaner Production, 2019, 241: 118327.

[53] Gans J, Ryall M D. Value capture theory: A strategic management review[J]. Strategic Management Journal, 2017, 38(1): 17-41.

[54] Geissdoerfer M, Vladimirova D, Evans S. Sustainable business model innovation: A review[J]. Journal of Cleaner Production, 2018(198): 401-416.

[55] Gomber P, Kauffman R J, Parker C. On the fintech revolu-

[37] Cosenz F, Bivona E. Fostering growth patterns of SMEs through business model innovation. a tailored dynamic business modelling approach[J]. Journal of Business Research, 2021,130:658-669

[38] Cucculelli M, Bettinelli C. Business models, intangibles and firm performance: Evidence on corporate entrepreneurship from italian manufacturing SMEs[J]. Small Business Economics, 2015,45: 329-350.

[39] Damanpour F. Organizational complexity and innovation: Developing and testing multiple contingency models[J]. Management Science, 1996,42(5):693-716.

[40] Davila T, Epstein M, Shelton R. Making innovation work: How to manage It, measure it and profit from it[M]. Philadelphia: Wharton School Pub, 2005.

[41] De La Calle A, Freije I, Oyarbide A. Digital product-service innovation and sustainability: A multiple-case study in the capital goods industry[J]. Sustainability, 2021,13(11):1-29.

[42] Demil B, Lecocq X. Business model evolution: In search of dynamic consistency[J]. Long Range Planning, 2010,43(2-3): 227-246.

[43] Dyer J H, Singh H, Kale P. Splitting the pie: Rent distribution in alliances and networks [J]. Managerial and Decision Economics, 2008,29(1):137-148.

[44] Dyer J H, Singh H M, Hesterly W S. The relational view revisited: A dynamic perspective on value creation and value capture [J]. Strategic Management Journal, 2018,39(3):1-23.

[45] Dyer J H, Singh H. The relational view: Cooperative strategy and sources of interorganizational competitive advantage[J]. Academy of management review, 1998,23(4):660-679.

driven decision-Making [J]. The American Economic Review, 2016,106(5):133-139.

[29] Cao J, Liang H, Zhan X. Peer effects of corporate social responsibility[J]. Management Science, 2019,65(12):5487-5503.

[30] Carayannis E G, Sindakis S, Walter C. Business model innovation as lever of organizational sustainability [J]. The Journal of Technology Transfer, 2015(40):85-104.

[31] Casadesus-Masanell R, Ricart J E. From strategy to business models and onto tactics [J]. Long Range Planning, 2010,43(2-3): 195-215.

[32] Casadesus-Masanell R, Zhu F. Business model innovation and competitive imitation: The case of sponsor based business models [J]. Strategic Management Journal, 2013(34):464-482.

[33] Cassell C. European qualitative research: A celebration of diversity and a cautionary tale [J]. European Management Journal, 2016,34(5):453-456.

[34] Chen Y, Visnjic I, Parida V, et al. On the road to digital servitization-the(Dis)continuous interplay between business model and digital technology[J]. International Journal of Operations & Production Management, 2021,41(5):694-722.

[35] Chesbrough H, Rosenbloom R S. The role of the business model in capturing value from innovation: Evidence from Xerox Corporation's technology spin-off companies [J]. Industrial and Corporate Change, 2002,11(3):529-555.

[36] Chryssolouris G, Mavrikios D, Papakostas N, et al. Digital manufacturing: History, perspectives, and outlook [J]. Proceedings of the Institution of Mechanical Engineers, Part B: Journal of Engineering Manufacture, 2009,223(5):451-462.

[18] Bensaou M, Anderson E. Buyer-supplier relations in industrial markets: When do buyers risk making idiosyncratic investments? [J]. Organization Science, 1999,10(4):460-481.

[19] Benzidia S, Luca R M, Boiko S. Disruptive innovation, business models, and encroachment strategies: Buyer's perspective on electric and hybrid vehicle technology[J]. Technological Forecasting and Social Change, 2021,165:120520.

[20] Björkdahl J. Strategies for digitalization in manufacturing firms[J]. California Management Review, 2020,62(4):17-36.

[21] Blosch M. Customer knowledge [J]. Knowledge&Process Management, 2000,7(7):265-268.

[22] Bocken N M P, Geradts T H J. Barriers and drivers to sustainable business model innovation: Organization design and dynamic capabilities[J]. Long Range Planning, 2020,53(4):101950.

[23] Brandenburger A M, Stuart Jr H W. Value-based business strategy[J]. Journal of Economics & Management Strategy, 1996,5(1):5-24.

[24] Brandenburger A, Stuart H. Biform games[J]. Management Science, 2007,53(4):537-549.

[25] Branstetter L G, Drev M, Kwon N. Get with the program: Software-driven innovation in traditional manufacturing[J]. Management Science, 2019,65(2):541-558.

[26] Brettel M, Strese S, Flatten T C. Improving the performance of business models with relationship marketing efforts-An entrepreneurial perspective[J]. European Management Journal, 2012,30(2):85-98.

[27] Bruce S. Who co-operates for innovation, and why an empirical analysis[J]. Research Policy, 2002,31(6):947-967.

[28] Brynjolfsson E, McElheran K. The rapid adoption of data-

tion: Interpreting the forces of innovation, disruption, and transformation in financial services[J]. Journal of Management Information Systems, 2018(35):220-265.

[56] Gomber P, Koch J A, Siering M. Digital finance and fintech: Current research and future research directions[J]. Journal of Business Economics, 2017,87:537-580.

[57] Granja J, Makridis C, Yannelis C, et al. Did the paycheck protection program hit the target? [J]. Journal of Financial Economics, 2022,145(3):725-761.

[58] Guo H, Tang J, Su Z, et al. Opportunity recognition and SME performance: The mediating effect of business model innovation [J]. R&D Management, 2017,47(3):431-442.

[59] Halkos G, Skouloudis A. Corporate social responsibility and innovative capacity: Intersection in a macro-level perspective[J]. Journal of Cleaner Production, 2018(182):291-300.

[60] Hamle. Lead the revolution[M]. Brighton: Harvard Busines School Press, 2000.

[61] Hossain M. Business model innovation: Past research, current debates, and future directions[J]. Journal of Strategy and Management, 2017,10(3):342-359.

[62] Hsieh C T, Klenow P J. Misallocation and manufacturing TFP in China and India[J]. Quarterly Journal of Economics, 2009,124(4):1403-1448.

[63] Höök M, Stehn L, Brege S. The development of a portfolio of business models: A longitudinal case study of a building material company[J]. Construction Management and Economics, 2015, 33 (5-6):334-348.

[64] Im K, Nam K, Cho H. Towards successful business model

management with analytic network process-based feasibility evaluation and portfolio management[J]. Electronic Markets, 2020, 30(3): 509-523.

[65] Jamali D, Neville B. Convergence versus divergence of CSR in developing countries: An embedded multi-Layered institutional Lens [J]. Journal of Business Ethics, 2011,102(4):599-621.

[66] Jia N, Shi J, Wang Y. Value creation and value capture in governing shareholder relationships: Evidence from a policy experiment in an emerging market[J]. Strategic Management Journal, 2018,39(9):2466-2488.

[67] Jin Y, Ji S F, Liu L, et al. Business model innovation canvas: A visual business model innovation model[J/OL]. European Management Journal, DOI: 10.1108/EJIM-02-2021-0079.

[68] Karimi J, Walter Z. Corporate entrepreneurship, disruptive business model innovation adoption, and its performance: The case of the newspaper industry[J]. Long Range Planning, 2016, 49(3): 342-360.

[69] Keen P, Qureshi S. Organizational transformation through business models: A framework for business model design[C]//Proceedings of the 39th Annual Hawaii International Conference on System Sciences(HICSS'06). IEEE, 2006.

[70] Keen P, Williams R. Value architectures for digital business: Beyond the business model[J]. MIS Quarterly, 2013,37(2): 643-647.

[71] Kilintzis P, Samara E, Carayannis E G, et al. Business model innovation in Greece: Its effect on organizational sustainability [J]. Journal of the Knowledge Economy, 2020,11:949-967.

[72] Klein S P, Spieth P, Heidenreich S. Facilitating business

model innovation: The influence of sustainability and the mediating role of strategic orientations[J]. Journal of Product Innovation Management, 2021,38(2):271-288.

[73] Kohtamäki M, Parida V, Oghzai P, et al. Digital servitization business models in ecosystems: A theory of the firm[J]. Journal of Business Research, 2019,104:380-392.

[74] Lanning M J, Michaels E G. A business is a value delivery system[J]. McKinsey Staff Paper, 1988,41(41):53-57.

[75] Lantano F, Petruzzelli A M, Panniello U. Business model innovation in video-game consoles to face the threats of mobile gaming: Evidence from the case of Sony PlayStation[J]. Technological Forecasting and Social Change, 2022, (174): 121-210.

[76] Laudien S M, Daxboeck B. Business model innovation processes of average market players: A qualitative-empirical Analysis [J]. R&D Management, 2017,47(3):420-430.

[77] Lepak D P, Smith K G, Taylor M S. Value creation and value capture: A multilevel perspective[J]. Academy of Management Review, 2007,32(1):180-194.

[78] Lieberman M B, Balasubramanian N, Garcia-Castro R. Toward a dynamic notion of value creation and sppropriation in firms: The Concept and Measurement of Economic Gain[J]. Strategic Management Journal, 2018,39(6):1546-1572.

[79] Li F. The digital transformation of business models in the creative industries: A holistic framework and emerging trends[J]. Technovation, 2020,92-93(3):1-10.

[80] Linde L, Frishammar J, Parida V. Revenue models for digital servitization: Avalue capture framework for designing, developing, and scaling digital services[J]. Ieeetransactionson Engineering Management,

2021,70(1):82-97.

[81] Linder J, Cantrell S. Changing business models: Surveying the landscape[Z]. Accenture Institute for Strategic Change Cambridge, 2000.

[82] Luis L M, Violina P R, Bruce E G. Greenbaum. Unlocking the hidden value of concepts: A cognitive spproach to business model innovation[J]. Strategic Entrepreneurship Journal, 2015, 9(1): 99-117.

[83] Lupini S. Corporate social responsibility at the core of new business models[J]. Proceedings of the Institution of Civil Engineers-Energy, 2016,169(3):110-125.

[84] Markovic S, Koporcic N, Arslanagic-Kalajdzic M, et al. Business-to-business open innovation: COVID-19 lessons for small and medium-sized enterprises from emerging markets[J]. Technological Forecasting and Social Change, 2021(170):120883.

[85] Martinez-Conesa I, Soto-Acosta P, Palacios-Manzano M. Corporate social responsibility and its effect on innovation and firm performance: An empirical research in SMEs[J]. Journal of Cleaner Production, 2017,142:2374-2383.

[86] Matarazzo M, Penco L, Profumo G, et al. Digital transformation and customer value creation in Made in Italy SMEs: A dynamic capabilities perspective[J]. Journal of Business Research, 2021(123): 642-656.

[87] Mezger F. Toward a capability-based conceptualization of business mode l innovation: Insights from an explorative study[J]. R&D Management, 2014,44(5):429-449.

[88] Müller J M, Buliga O, Voigt K I. The role of absorptive capacity and innovation strategy in the design of industry 4.0 business Models-A comparison between SMEs and large enterprises[J]. European

Management Journal, 2021,39(3):333-343.

[89] Obschonka M, Audretsch D B. Artificial intelligence and big data in entrepreneurship: A new era has begun[J]. Small Business Economics, 2020(55):529-539.

[90] Oderanti F O, Li F, Cubric M, et al. Business Models for sustainable commercialisation of digital healthcare(eHealth) innovation for an increasingly ageing population: (A new business model for eHealth) [J]. Technological Forecasting and Social Change, 2021,171:120969.

[91] Oskam I, Bossink B, De Man A P. Valuing value in innovation ecosystems: How cross-sector actors overcome tensions in collaborative sustainable business model development[J]. Business & Society, 2021,60(5):1059-1091.

[92] Osterwalder A, Pigneur Y. Business model generation: A handbook for visionaries, game changers, and challengers[M]. New York: John Wiley & Sons, 2010.

[93] Osterwalder A, Pigneur Y. Designing business models and similar strategic objects: The contribution of IS[J]. Journal of the Association for information systems, 2013,14(5):237.

[94] Osterwalder A. The business model ontology a proposition in a design science approach[D]. Université de Lausanne, Facultédes hautesétudes commerciales, 2004.

[95] Ozili P K. lmpact of digital finance on financial inclusion and stability[J]. Borsa_lstanbul Review, 2018,18(4):329-340.

[96] Parker G, Van A M, Choudary S. Platform revolution[M]. New York: W. W. Norton & Company, 2016.

[97] Pati R K, Nandakumar M K, Ghobadian A, et al. Business model design-performance relationship under external and internal con-

tingencies: Evidence from SMEs in an emerging economy[J]. Long Range Planning, 2018,51(5):750-769.

[98] Pfeffer J, Salancik G R. The external control of organizations: A resource dependence perspective[M]. Palo Alto, CA: Stanford University Press, 2003.

[99] Pitelis C N. The Co-Evolution of organizational value capture, value creation and sustainable advantage[J]. Organization Studies, 2009,30(10):1115-1139.

[100] Pitelis C N, Teece D J. The(New)nature and essence of the firm[J]. European Management Review, 2009,6(1):5-15.

[101] Priem R L. A consumer perspective on value creation[J]. Academy of Management Review, 2007,32(1):219-235.

[102] Rachinger M, Rauter R, Muller C, et al. Digitalization and its influence on business model innovation[J]. Journal of Manufacturing Technology Management, 2019,30(8):1143-1160.

[103] Rahwan I, et al. Machine behaviour[J]. Nature, 2019(568):477-486.

[104] Rappa M A. The utility business model and the future of computing services[J]. IBM Systems Journal, 2004,43(1):32-42.

[105] Rask M, Gunzel jensen F. Business model design and performance in nascent markets[J]. Management Decision, 2019,58(5):927-947.

[106] Roberto M, Roberta P. Global Value Chains in the Era of 4IR: New Paradigm of Business Models for SMEs[J]. 中国经济评论: 英文版, 2021,20(1):1-10.

[107] Rochet J C, Tirole J. Two-sided markets: An overview[R]. Institut d'Economie Industrielle working paper, 2004.

[108] Seo H G, Chung Y, Chun D, et al. Value capture mecha-

nism: R & D productivity comparison of SMEs[J]. Management Decision, 2015,53(2):318-337.

[109] Sharapov D, Kattuman P, Rodriguez D, et al. Javier. Using the Shapley Value approach to variance decomposition in strategy research: Diversification, internationalization, and corporate group effects on affiliate profitability[J]. Strategic Management Journal, 2021,42(3): 608-623.

[110] Shimizu K, Hitt M A. Strategic flexibility: Organizational preparedness to reverse ineffective strategic decisions[J]. Academy of Management Perspectives, 2004,18(4):44-59.

[111] Siebold N. Reference points for business model innovation in social purpose organizations: A stakeholder perspective[J]. Journal of Business Research, 2021(125):710-719.

[112] Singleton G B. Should financial reporting reflect firms' business models? What accounting can learn from the economic theory of the firm [J]. Journal of Management&Governance. 2014, 18 (3): 697-706.

[113] Sjödin D, Parida V, Kohtamäki M, et al. An agile co-creation process for digital servitization: A micro-service innovation approach[J]. Journal of Business Research, 2020(112):478-491.

[114] Spring M, Araujo L. Beyond the service factory: Service innovation in manufacturing supply networks[J]. Industrial Marketing Management, 2013,42(1):59-70.

[115] Stubbs W. Strategies, practices, and tensions in managing business model innovation for sustainability: The case of an Australian BCorp[J]. Corporate Social Responsibility and Environmental Management, 2019,26(5):1063-1072.

[116] Stähler P. Business models as an unit of analysis for strate-

gizing[C]//International workshop on business models, Lausanne, Switzerland, 2002,45(7):2990-2995.

[117] Svahn F, Mathiassen L, Lindgren R, et al. Mastering the digital innovation challenge[J]. MIT Sloan Management Review, 2017,58(3):14-16.

[118] Taran Y, Boer H, Lindgren P. A business model innovation typology[J]. Decision Science, 2015,46(2):301-331.

[119] Teece D J, Linden G. Business models, value capture, and the digital enterprise[J]. Journal of Organization Design, 2017,6(1):1-14.

[120] Teece D J. Business models and dynamic capabilities[J]. Long Range Planning, 2018a, 51(1): 40-49.

[121] Teece D J. Business models, business strategy and innovation[J]. Long Range Planning, 2010,43(2-3):172-194.

[122] Teece D J. Profiting from innovation in the digital economy: Standards, complementary assets, and business models in the wire-less world[J]. Research Policy, 2018b, 47(8): 1367-1387.

[123] Timmers P. Business models for electronic markets[J]. Electronic Markets, 1998,8(2):3-8.

[124] Tiwana A. Platform ecosystems: Aligning architecture, governance, and strategy[M]. Burlington: Morgan Kaufmann, 2014.

[125] Trapp M, Voigt K I, Brem A. Business models for corporate innovation management: Introduction of a business model innovation tool for established firms[J]. International Journal of Innovation Management, 2018,22(1):1-24.

[126] Trott P, Hartmann D A P. Why 'open innovation' is old wine in new bottles[J]. International Journal of Innovation Manage-

ment, 2009,13(4):715-736.

[127] Van Alstyne M W, Parker G G, Choudary S P. Pipelines, platforms, and the new rules of strategy[J]. Harvard business review, 2016,94(4):54-62.

[128] Vargo S L, Lusch R F. Institutions and axioms: An extension and update of service-dominant logic[J]. Journal of the Academy of Marketing Science, 2016,44(1):5-23.

[129] Velter M G E, Bitzer V, Bocken N M P, et al. Sustainable business model innovation: The role of boundary work for multi-stakeholder alignment[J]. Journal of Cleaner Production, 2020(247):119497.

[130] Velu C. Business model innovation and third-party alliance on the survival of new firms[J]. Technovation, 2015(35):1-11.

[131] Verhagen M, De Reuver M, Bouwman H. Implementing business models into operations: Impact of business model implementation on performance[J]. IEEE Transactions on Engineering Management, 2023,70(1):173-183.

[132] Visnjic I, Wiengarten F, Neely A. Only the brave: Product innovation, service business model innovation, and their impact on performance[J]. Journal of Product Innovation Management, 2016,33(1):36-52.

[133] Wang E T G, Wei H L. Interorganizational governance value creation: Coordinating for information visibility and flexibility in supply chains[J]. Decision Sciences, 2007,38(4):647-674.

[134] Warner K S R, Wäger M. Building dynamic capabilities for digital transformation: An ongoing process of strategic renewal[J]. Long Range Planning, 2019,52(3):326-349.

[135] Weill P, Malone T W, D'Urso V T, et al. Do some busi-

ness models perform better than others? A study of the 1000 largest US firms[J]. MIT Center for coordination science working paper, 2005(226):1-39.

[136] Woodruff R B. Customer value: The next source for competitive advantage[J]. Journal of the Academy of Marketing Science, 2019,25(2):139-153.

[137] Yang B, Burns N D, Backhouse C J. Postponement: A review and an integrated framework[J]. International Journal of Operations & Production Management, 2004,24(5):468-487.

[138] Yin R K. Validity and generalization in future case study evaluations[J]. Evaluation, 2013,19(3):321-332.

[139] Yin R. Case study research: Design and methods[M]. New York: SAGE Publications Ltd, 2009.

[140] Yuan G S, Indrit T. Digital corporate reporting and value relevance: Evidence from the US and Japan[J]. International Journal of Managerial Finance, 2021,17(2):256-281.

[141] Zhang Y, Zhao S, Xu X. Business model innovation: An integrated approach based on elements and functions[J]. Information Technology and Management, 2016,17(3):303-310.

[142] Zhou J, Li P, Zhou Y, et al. Toward new-generation intelligent manufacturing[J]. Engineering, 2018,4(1):11-20.

[143] Zott C, Amit R, Massa L, et al. The business model: Recent developments and future reseach[J]. Journal of Management, 2011,37(4):1019-1042.

[144] Zott C, Amit R. Business model design: An activity system perspective[J]. Long range planning, 2010,43(2-3):216-226.

[145] Zott C, Amit R. Business model design and the performance of entrepreneurial firms[J]. Organization Science, 2007, 18(2):

181-199.

[146] Zott C, Amit R. Business model innovation: Toward a process perspective[J]. The Oxford handbook of creativity, innovation, and entrepreneurship, 2015: 395-406.

[147] Zott C, Amit R. Measuring the performance implications of business model design: evidence from emerging growth public firms [M]. Fontainebleau: INSEAD, 2002.

[148] Zott C, Amit R. The fit between product market strategy and business model: Implications for firm performance[J]. Strategic Management Journal, 2008,29(1):1-26.

[149] Zott C. Dynamic capabilities and the emergence of in train dustry differential firm performance: Insights from a simulation study [J]. Strategic Management Journal, 2003,24(2):97-125.

[150] 安宇飞. 商业模式创新对商贸流通企业绩效影响分析：基于竞争环境的调节作用[J]. 商业经济研究, 2021(15): 22-25.

[151] 包凤耐, 付冀钰. 商业模式对企业绩效的影响研究：联盟组合资源多样性的调节作用[J]. 未来与发展, 2022,46(6): 63-73.

[152] 鲍长生. 供应链金融对中小企业融资的缓解效应研究[J]. 华东经济管理, 2020,34(12):91-98.

[153] 卑立新, 焦高乐. 互联网商业环境下创业企业技术创新与商业模式创新的迭代式共演研究[J]. 管理学刊, 2021,34(3): 89-104.

[154] 毕文杰, 扶春娟. 基于机器学习的 Airbnb 房源价格预测及影响因素研究：以北京市为例[J]. 运筹与管理, 2022,31(9): 217-224.

[155] 蔡俊亚, 党兴华. 商业模式创新对财务绩效的影响研

究：基于新兴技术企业的实证[J].运筹与管理,2015,24(2):272-280.

[156]蔡瑞林,姚延婷.技术服务型企业的产品、商业模式创新与创新绩效：基于乐视网的反思[J].财会月刊,2020(7):116-121.

[157]常禾雨,冯立杰,岳俊举.面向BOP市场的商业模式创新与企业绩效的作用机理[J].企业经济,2017,36(7):134-140.

[158]长青,王鑫,王福.从外挂到内生：社会责任如何驱动商业模式创新：基于伊利集团的案例研究[J].中国流通经济,2022,36(3):48-59.

[159]陈丹.企业技术创新和商业模式创新的匹配与协同演化[J].商业经济研究,2019,772(9):110-113.

[160]陈德球,张雯宇.商业模式创新战略与企业高质量发展[J].管理学季刊,2022,7(2):41-52,188.

[161]陈劲,杨洋,于君博.商业模式创新研究综述与展望[J].软科学,2022,36(4):1-7.

[162]陈玲玲,翟会颖,王建平.新零售商业模式对零售商顾客价值的影响[J].商业经济研究,2021(5):116-119.

[163]陈衍泰,孟媛媛,张露嘉,等.产业创新生态系统的价值创造和获取机制分析：基于中国电动汽车的跨案例分析[J].科研管理,2015,36(S1):68-75.

[164]陈莹,周小虎.战略变革背景下组织变革信心的构建过程研究[J].管理案例研究与评论,2017(5):478-490.

[165]陈玉慧,郑孟玲,汪欣彤.龙头企业商业模式对技术创新的影响研究：以厦门汽车—工程机械产业龙头企业为例[J].经济地理,2012,32(6):85-91.

[166]陈昀,贺远琼,周琪.基于用户需求链的制造企业服

务创新研究[J]. 管理世界, 2018,34(12):184-185.

[167] 陈昭, 刘映曼. 政府补贴、企业创新与制造业企业高质量发展[J]. 改革, 2019(8):140-151.

[168] 程愚, 孙建国, 宋文文, 等. 商业模式、营运效应与企业绩效: 对生产技术创新和经营方法创新有效性的实证研究[J]. 中国工业经济, 2012,292(7):83-95.

[169] 迟强. 商业模式视角下报业融合发展的战略思考[J]. 当代传播, 2017(3):62-64,68.

[170] 丁宁, 丁华. 实体零售全渠道商业模式创新对经营绩效的影响: 基于双重差分法的研究[J]. 商业经济与管理, 2020(7):17-26.

[171] 丁怡帆, 魏彦杰, 马云飞. 金融资源错配如何影响企业高质量发展: 理论与实证[J]. 金融监管研究, 2022(8):94-114.

[172] 杜华勇. 平台企业价值创造与价值获取研究: 理论模型与前因构型分析[D]. 成都: 西南财经大学, 2019.

[173] 杜松华, 徐嘉泓, 罗子婵, 等. 金字塔底层可持续商业模式构建分析: 基于粤东北地区的多案例研究[J]. 管理评论, 2018,30(9):292-304.

[174] 杜勇, 曹磊, 谭畅. 平台化如何助力制造企业跨越转型升级的数字鸿沟?: 基于宗申集团的探索性案例研究[J]. 管理世界, 2022,38(6):117-139.

[175] 范合君, 吴婷. 数字化能否促进经济增长与高质量发展: 来自中国省级面板数据的经验证据[J]. 管理学刊, 2021,34(3):36-53.

[176] 冯华, 陈亚琦. 平台商业模式创新研究: 基于互联网环境下的时空契合分析[J]. 中国工业经济, 2016(3):99-113.

[177] 冯雪飞, 董大海. 商业模式创新中顾客价值主张影响

因素的三棱锥模型：基于传统企业的多案例探索研究[J].科学学与科学技术管理,2015,36(9):138-147.

[178]高鸿业.西方经济学(微观部分)[M].北京:北京人民大学出版社,2011.

[179]郭蕊,吴贵生.基于商业模式轨道的创新路径研究:以中国百货零售产业为例[J].科研管理,2017,38(5):121-129.

[180]郭涛,孙玉阳.环境规制对企业高质量发展作用之谜:基于异质性企业与全要素生产率分解视角[J].暨南学报(哲学社会科学版),2021,43(3):102-118.

[181]郭天超,陈君.商业模式与战略的关系研究[J].华东经济管理,2012,26(4):93-96.

[182]韩志明.简约治理的价值主张及其实现方式[J].人民论坛,2022,(24):91-93.

[183]郝颖.ESG理念下的企业价值创造与重塑[J].财会月刊,2023,44(1):20-25.

[184]何帆,刘红霞.数字经济视角下实体企业数字化变革的业绩提升效应评估[J].改革,2019(4):137-148.

[185]何会文,许欣,徐虹.互动导向对服务创新绩效的影响机制:一项B2B服务情境下的实证研究[J].商业研究,2019(2):1-9.

[186]贺仁龙.制度压力下共享经济商业模式合法性构建及差异化治理[J].财经理论与实践,2021,42(4):104-109.

[187]洪进,杨娜娜,杨洋.商业模式设计对新创企业创新绩效的影响[J].中国科技论坛,2018,262(2):120-127,135.

[188]胡保亮.商业模式、创新双元性与企业绩效的关系研究[J].科研管理,2015,36(11):29-36.

[189]胡保亮,疏婷婷,田茂利.企业社会责任、资源重构

与商业模式创新[J]. 管理评论，2019,31(7):294-304.

[190] 胡慧源，年璐臻. 互联网会展平台的数据赋能、价值创造和价值获取：基于H平台的纵向单案例研究[J]. 科技管理研究，2022,42(19):173-180.

[191] 黄灿，徐戈，沈慧君. 获取创新衍生价值：企业内部知识：合作网络动态视角[J]. 科研管理，2023,44(2):98-107.

[192] 黄世忠. 共享经济的业绩计量和会计问题：基于Airbnb的案例分析和延伸思考[J]. 财会月刊，2021(1):7-12.

[193] 黄速建，刘美玉，张启望. 竞争性国有企业混合所有制改革模式选择及影响因素[J]. 山东大学学报（哲学社会科学版），2020(3):94-109.

[194] 黄速建，肖红军，王欣. 论国有企业高质量发展[J]. 中国工业经济，2018,367(10):19-41.

[195] 纪慧生，姚树香. 制造企业技术创新与商业模式创新协同演化：一个多案例研究[J]. 科技进步与对策，2019,36(3):90-97.

[196] 简新华，王裕国，马骁，等. 学习阐释中国共产党二十大报告笔谈[J]. 财经科学，2022(11):1-26.

[197] 江积海. 商业模式创新中"逢场作戏"能创造价值吗？：场景价值的理论渊源及创造机理[J]. 研究与发展管理，2019(6):139-154.

[198] 江积海，唐倩，王烽权. 商业模式多元化及其创造价值的机理：资源协同还是场景互联？：美团2010—2020年纵向案例研究[J]. 管理评论，2022,34(1):306-321.

[199] 江小国，何建波，方蕾. 制造业高质量发展水平测度、区域差异与提升路径[J]. 上海经济研究，2019,370(7):70-78.

[200] 姜尚荣，乔晗，张思，等. 价值共创研究前沿：生态系统和商业模式创新[J]. 管理评论，2020,32(2):3-17.

[201] 蒋永穆, 戴中亮. 小农户衔接现代农业中的价值创造与价值获取[J]. 社会科学研究, 2019(4):52-59.

[202] 蒋瑜洁, 郭婷, 王尚可, 等. 新兴国家如何实现突破性技术创新：基于中美 V2X 专利数据对比分析[J]. 科学学研究, 2021,39(10):1882-1896.

[203] 金碚. 关于"高质量发展"的经济学研究[J]. 中国工业经济, 2018(4):5-18.

[204] 金帆. 价值生态系统：云经济时代的价值创造机制[J]. 中国工业经济, 2014,(4):97-109.

[205] 金帆, 张雪. 从财务资本导向到智力资本导向：公司治理范式的演进研究[J]中国工业经济. 2018(1):156-173.

[206] 金林煌. 可持续性导向的商业模式研究：基于中国汽车企业的内容分析[D]. 上海：华东师范大学, 2019.

[207] 柯昌文. 基于动态能力的商业模式概念框架构建[J]. 财会月刊, 2019,865(21):137-142.

[208] 剌利青, 徐菲菲, 韩磊. 北京市 Airbnb 房源价格影响因素计量分析[J]. 经济地理, 2022,42(6):231-239.

[209] 李纯青, 逯琳琳, 张洁丽. 基于人工智能的效果付费对商业模式创新的作用机理研究：服务生态系统视角[J]. 西北大学学报(哲学社会科学版), 2020,50(2):119-129.

[210] 李端生, 王东升. 基于财务视角的商业模式研究[J]. 会计研究, 2016,344(6):63-69,95.

[211] 李红, 左金萍. 高新技术产业创新生态系统的知识产权价值获取模型设计：基于 IMEC 的案例分析[J]. 中国科技论坛, 2018(10):93-100.

[212] 李鸿磊. 商业模式创新、二元创新导向与企业绩效影响[J]. 现代经济探讨, 2019(12):92-99.

[213] 李鸿磊, 刘建丽. 基于用户体验的商业模式场景研

究：价值创造与传递视角[J]．外国经济与管理，2020，42（6）：20-37．

[214] 李鸿磊，柳谊生．商业模式理论发展及价值研究述评[J]．经济管理，2016，38（9）：186-199．

[215] 李佳霖，张倩肖，董嘉昌．金融发展、企业多元化战略与高质量发展[J]．经济管理，2021，43（2）：88-105．

[216] 李盼盼，乔晗，郭韬．数字化水平对制造企业商业模式创新的跨层次作用研究[J]．科研管理，2022，43（11）：11-20．

[217] 李沁洋，支佳，党誉珲．数字金融、融资约束与企业价值[J]．当代金融研究，2021，4（Z3）：37-46．

[218] 李巍．战略导向、商业模式创新与经营绩效：基于我国制造型中小企业数据的实证分析[J]．商业研究，2017，477（1）：34-41．

[219] 李巍．制造型企业商业模式创新与经营绩效关系研究：基于双元能力的视角[J]．科技进步与对策，2016，33（5）：111-116．

[220] 李维安，秦岚．日本公司绿色信息披露治理：环境报告制度的经验与借鉴[J]．经济社会体制比较，2021（3）：159-169．

[221] 李文莲，夏健明．基于"大数据"的商业模式创新[J]．中国工业经济，2013（5）：83-95．

[222] 李文，刘思慧，梅蕾．基于QCA的商业模式创新对企业绩效的影响研究[J]．管理案例研究与评论，2022，15（2）：129-142．

[223] 李文，许辉，梅蕾．数字化转型背景下制造企业商业模式创新机制研究：基于fsQCA的实证分析[J]．财会通讯，2022（10）：102-107，114．

[224] 李武威，朱杰堂，张园园．商业模式创新对企业绩效的影响研究：基于Meta分析方法的检验[J]．价格理论与实践，

2019(11):113-116.

[225] 李翔,陈继祥. 基于复杂系统的新创企业技术创新与商业模式创新的协同机制[J]. 现代管理科学,2015(8):73-75.

[226] 李晓华. 科技创新与商业模式创新:互动机制与政策导向[J]. 求索,2022(5):179-188.

[227] 李颖,赵文红,杨特. 创业者先前经验、战略导向与创业企业商业模式创新关系研究[J]. 管理学报,2021,18(7):1022-1031.

[228] 李永发,李东. 面临颠覆威胁的在位者商业模式重塑策略[J]. 科研管理,2015,36(4):145-153.

[229] 李永发,罗媞. 初创企业未获取价值与商业模式创新[J]. 科技进步与对策,2019,36(11):25-33.

[230] 李永发,张晓玲,赵毅. 商业模式品质与高市场绩效[J]. 科研管理,2017,38(9):124-131.

[231] 梁刚. 新零售环境下民族特色产品全渠道商业模式构建[J]. 商业经济研究,2022(4):34-36.

[232] 林杰,张小三. 互动导向对新创电商企业绩效的影响:考虑价值主张转变的中介效应[J]. 商业经济研究,2022(851):131-134.

[233] 刘笃池. 企业集团商业模式创新的经济绩效:基于管控模式的视角[J]. 中南大学学报(社会科学版),2017,23(1):65-73.

[234] 刘丰,邢小强. 商业模式衍生式创新:动因、方式与类型识别[J]. 科学学研究,2023,41(3):547-555.

[235] 刘刚,刘静,程熙镕. 商业模式创新时机与强度对企业绩效的影响:基于资源基础观的视角[J]. 北京交通大学学报(社会科学版),2017,16(2):66-75.

[236] 刘刚,王丹,李佳. 高管团队异质性、商业模式创新

与企业绩效[J]. 经济与管理研究,2017,38(4):105-114.

[237] 刘国亮,冯立超,刘佳. 企业价值创造与获取研究:基于价值网络[J]. 学习与探索,2016(12):124-127.

[238] 刘和旺,刘池,郑世林.《环境空气质量标准(2012)》的实施能否助推中国企业高质量发展?[J]. 中国软科学,2020(10):45-55.

[239] 刘恒强,丁华,杨琨. 产品服务系统中顾客价值获取与传递方法研究[J]. 机械设计与制造,2020(10):31-34.

[240] 刘嘉慧,高山行. 数字经济环境下企业跨界内涵:价值主张视角[J]. 科技进步与对策,2021,38(1):63-70.

[241] 刘建秋,盛梦雅. 战略性社会责任与企业可持续竞争优势[J]. 经济与管理评论,2017,33(1):36-49.

[242] 刘静,王克敏. 同群效应与公司研发:来自中国的证据[J]. 经济理论与经济管理,2018(1):21-32.

[243] 刘娟,曹杰,张建宇. 独占还是共享?研发国际化与企业创新价值获取:来自上市企业专利引用数据的证据[J]. 国际贸易问题,2022(9):157-174.

[244] 刘力钢,刘建基. 大数据情境下企业价值创造路径及效果评价[J]. 企业经济,2017,36(4):54-59.

[245] 刘汕,张凡,惠康欣. 数字平台商业模式创新:综述与展望[J]. 系统管理学报,2022,31(6):1109-1122.

[246] 刘维奇,高超. 中小企业贷款问题的进化博弈分析[J]. 中国软科学,2006(12):94-102.

[247] 刘洋,董久钰,魏江. 数字创新管理:理论框架与未来研究[J]. 管理世界,2020,36(7):198-217.

[248] 刘亦文,陈亮,李毅,等. 金融可得性作用于实体经济投资效率提升的实证研究[J]. 中国软科学,2019(11):42-54.

[249] 刘英姿,吴昊. 客户细分方法研究综述[J]. 管理工程

学报,2006(1):53-57.

[250] 刘宇熹,谢家平. 可持续发展下的制造企业商业模式创新:闭环产品服务系统[J]. 科学学与科学技术管理,2015,36(1):53-62.

[251] 罗珉,李亮宇. 互联网时代的商业模式创新:价值创造视角[J]. 中国工业经济,2015(1):95-107.

[252] 罗兴武,项国鹏,宁鹏,等. 商业模式创新如何影响新创企业绩效?:合法性及政策导向的作用[J]. 科学学研究,2017,35(7):1073-1084.

[253] 吕铁,李载驰. 数字技术赋能制造业高质量发展:基于价值创造和价值获取的视角[J]. 学术月刊,2021,53(4):56-65,80.

[254] 马蓝,王士勇,张剑勇. 双元导向、商业模式创新与企业可持续竞争优势的关系研究[J]. 科技与经济,2021,34(4):41-45.

[255] 毛倩,张洁,顾颖. 商业模式创新与社会责任融合:要素匹配与路径选择[J]. 现代财经(天津财经大学学报),2021,41(4):101-113.

[256] 毛蕴诗,王婧. 企业社会责任融合、利害相关者管理与绿色产品创新:基于老板电器的案例研究[J]. 管理评论,2019,31(7):149-161.

[257] 孟韬,赵非非,张冰超. 企业数字化转型、动态能力与商业模式调适[J]. 经济与管理,2021,35(4):24-31.

[258] 南雪晴. 价值网络重构视角下商业模式创新对企业价值影响机制研究[D]. 济南:山东大学,2022.

[259] 庞长伟,李垣,段光. 整合能力与企业绩效:商业模式创新的中介作用[J]. 管理科学,2015,28(5):31-41.

[260] 彭程."互联网+"企业的价值获取战略[J]. 企业管理,

2015(7):116-118.

[261] 蒲晓晔,Fidrmuc J. 中国经济高质量发展的动力结构优化机理研究[J]. 西北大学学报(哲学社会科学版),2018,48(1):113-118.

[262] 朴庆秀,孙新波,钱雨,等. 服务化转型视角下技术创新与商业模式创新的互动机制研究:以沈阳机床集团为案例[J]. 科学学与科学技术管理,2020,41(2):94-115.

[263] 戚耀元,戴淑芬,葛泽慧."互联网+"环境下企业创新系统耦合研究:技术创新与商业模式创新耦合案例分析[J]. 科技进步与对策,2016,33(23):76-80.

[264] 戚耀元,戴淑芬,葛泽慧. 基于技术创新与商业模式创新耦合关系的企业创新驱动研究[J]. 科技进步与对策,2015,32(21):89-93.

[265] 齐义山,黄忠东. 战略性企业社会责任、开放式创新与企业绩效的关系:以江苏制造业为例[J]. 经济体制改革,2014,189(6):116-120.

[266] 钱雨,孙新波. 数字商业模式设计:企业数字化转型与商业模式创新案例研究[J]. 管理评论,2021,33(11):67-83.

[267] 钱志嘉,张瑞雪. 基于顾客价值创造的O2O商业模式及其构成要素探讨[J]. 商业经济研究,2021(14):138-141.

[268] 乔晗,张硕,李卓伦,等. 去中心化电商的价值共创演化动因和过程模型:基于梦饷集团的纵向案例研究[J]. 管理评论,2021,33(11):170-184.

[269] 权小锋,李闯. 智能制造与成本粘性:来自中国智能制造示范项目的准自然实验[J]. 经济研究,2022,57(4):68-84.

[270] 任碧云,郭猛. 基于文本挖掘的数字化水平与运营绩效研究[J]. 统计与信息论坛,2021,36(6):51-61.

[271] 任燕燕,王文悦,宋昊岳. 环境规制与经济高质量发

展:联动关系与传递机制[J].山东大学学报(哲学社会科学版),2022(5):154-164.

[272] 沈慧君,孙嘉悦,黄灿,等.知识来源的地理范围、研发模式与创新价值获取[J].科学学研究,2020,38(7):1285-1293.

[273] 沈洋,张秀武.智能制造、产业集聚与劳动力错配[J].中国流通经济,2022,36(4):89-100.

[274] 盛亚,徐璇,何东平.电子商务环境下零售企业商业模式:基于价值创造逻辑[J].科研管理,2015,36(10):122-129.

[275] 史亚雅,杨德明.数字经济时代商业模式创新与盈余管理[J].科研管理,2021,42(4):170-179.

[276] 宋立丰,宋远方,冯绍雯.平台—社群商业模式构建及其动态演变路径:基于海尔、小米和猪八戒网平台组织的案例研究[J].经济管理,2020,42(3):117-132.

[277] 苏敬勤,张帅,马欢欢,等.技术嵌入与数字化商业模式创新:基于飞贷金融科技的案例研究[J].管理评论,2021,33(11):121-134.

[278] 苏永伟.中部地区制造业高质量发展评价研究:基于2007—2018年的数据分析[J].经济问题,2020,493(9):85-91,117.

[279] 苏勇,段雅婧.当西方遇见东方:东方管理理论研究综述[J].外国经济与管理,2019,41(12):3-18.

[280] 眭博,雷宏振.工业智能化能促进企业技术创新吗?:基于中国2010—2019年上市公司数据的分析[J].陕西师范大学学报(哲学社会科学版),2021,50(3):130-140.

[281] 谭娅,封世蓝,张庆华,等.同群压力还是同群激励?高中合作小组的同群效应研究[J].经济学(季刊),2021,21(2):533-556.

[282] 汤新慧,邢小强,周平录. 商业模式创新:研究现状与展望[J]. 研究与发展管理,2023,35(4):170-182.

[283] 唐松,伍旭川,祝佳. 数字金融与企业技术创新:结构特征、机制识别与金融监管下的效应差异[J]. 管理世界,2020,36(5):52-66,9.

[284] 唐晓华,孙元君. 环境规制对中国制造业高质量发展影响的传导机制研究:基于创新效应和能源效应的双重视角[J]. 经济问题探索,2020(7):92-101.

[285] 仝自强,李鹏翔,杨磊,等. 商业模式创新与技术创新匹配性对后发企业绩效的影响:来自年报文本分析的实证研究[J]. 科技进步与对策,2022,39(11):84-93.

[286] 王福,长青,刘俊华,等. 新零售商业模式场景化创新的理论框架与实现路径研究[J]. 技术经济,2021,40(4):39-48.

[287] 万佳彧,周勤,肖义. 数字金融、融资约束与企业创新[J]. 经济评论,2020(1):71-83.

[288] 汪寿阳,敖敬宁,乔晗,等. 基于知识管理的商业模式冰山理论[J]. 管理评论,2015,27(6):3-10.

[289] 汪志红,周建波. 数字技术可供性对企业商业模式创新的影响研究[J]. 管理学报,2022,19(11):1666-1674.

[290] 王炳成,麻汕,马媛. 环境规制、环保投资与企业可持续性商业模式创新:以股权融资为调节变量[J]. 软科学,2020,34(4):44-50.

[291] 王朝辉. 营销渠道理论前沿与渠道管理新发展[J]. 中央财经大学学报,2003(8):64-68.

[292] 王德祥. 数字经济背景下数据要素对制造业高质量发展的影响研究[J]. 宏观经济研究,2022,286(9):51-63,105.

[293] 王烽权,江积海. 跨越鸿沟:新经济创业企业商业模

式闭环的构建机理：价值创造和价值捕获协同演化视角的多案例研究[J]. 南开管理评论, 2023, 26(1):195-205, 206-207, 248.

[294] 王红建, 曹瑜强, 杨庆, 等. 实体企业金融化促进还是抑制了企业创新：基于中国制造业上市公司的经验研究[J]. 南开管理评论, 2017, 20(1):155-166.

[295] 王宏起, 王卓, 李玥. 创新生态系统价值创造与获取演化路径研究[J]. 科学学研究, 2021, 39(10):1870-1881.

[296] 王化成, 刘金钊. 企业组织结构的演进与财务管理发展：基于"点—线—面—网"发展轨迹的思考[J]. 财务研究, 2020(2):3-14.

[297] 王金凤, 程璐, 冯立杰, 等. 后发企业技术创新与商业模式创新耦合路径：颠覆式创新视角[J]. 科技管理研究, 2019, 39(23):25-34.

[298] 王俊荣. 知识搜索对电商企业市场优势提升的作用机制探讨[J]. 商业经济研究, 2021(20):106-109.

[299] 王丽平, 张敏. 多因素联动效应对新经济企业商业模式创新的驱动机制研究：基于模糊集的定性比较分析[J]. 管理评论, 2022, 34(3):141-152.

[300] 王如玉, 梁琦. 数字经济下虚拟集聚的现实基础与应用[J]. 长安大学学报(社会科学版), 2022, 24(4):34-52.

[301] 王少华, 上官泽明, 吴秋生. 高质量发展背景下实体企业金融化如何助力企业创新：基于金融化适度性的视角[J]. 上海财经大学学报, 2020, 22(3):19-34, 63.

[302] 王雪冬. 企业社会责任与商业模式创新互嗜过程研究[J]. 科研管理, 2022, 43(7):106-114.

[303] 王雪冬, 冯雪飞, 董大海. "价值主张"概念解析与未来展望[J]. 当代经济管理, 2014, 36(1):13-19.

[304] 王雪冬, 匡海波, 董大海. 企业社会责任嵌入商业模

式创新机理研究[J].科研管理,2019,40(5):47-56.

[305] 王贞洁,王惠.低碳城市试点政策与企业高质量发展:基于经济效率与社会效益双维视角的检验[J].经济管理,2022,44(6):43-62.

[306] 卫婧婧.金融环境、融资约束与企业异地并购[J].经济问题,2022(8):47-56.

[307] 魏江,刘嘉玲,刘洋.数字经济学:内涵、理论基础与重要研究议题[J].科技进步与对策,2021,38(21):1-7.

[308] 魏江,刘洋,应瑛.商业模式内涵与研究框架建构[J].科研管理,2012,33(5):107-114.

[309] 魏炜,朱武祥,林桂平.基于利益相关者交易结构的商业模式理论[J].管理世界,2012,231(12):125-131.

[310] 吴非,胡慧芷,林慧妍,等.企业数字化转型与资本市场表现:来自股票流动性的经验证据[J].管理世界,2021,37(7):10,130-144.

[311] 吴晓波,赵子溢.商业模式创新的前因问题:研究综述与展望[J].外国经济与管理,2017(1):114-127.

[312] 武常岐,张昆贤,周欣雨,等.数字化转型、竞争战略选择与企业高质量发展:基于机器学习与文本分析的证据[J].经济管理,2022,44(4):5-22.

[313] 夏晗.企业家契约精神、企业创新对制造企业高质量发展的影响[J].企业经济,2022,41(5):59-70.

[314] 肖红军.共享价值式企业社会责任范式的反思与超越[J].管理世界,2020(5):87-115.

[315] 肖红军,阳镇.可持续性商业模式创新:研究回顾与展望[J].外国经济与管理,2020,42(9):3-18.

[316] 肖红军,阳镇,焦豪.共益企业:研究述评与未来展望[J].外国经济与管理,2019(4):3-17,30.

[317]肖红军,张哲,阳镇.平台企业可持续性商业模式创新:合意性与形成机制[J].山东大学学报(哲学社会科学版),2021(6):62-75.

[318]肖静华.企业跨体系数字化转型与管理适应性变革[J].改革,2020(4):37-49.

[319]谢家平,刘鲁浩,梁玲.社会企业:发展异质性、现状定位及商业模式创新[J].经济管理,2016,38(4):190-199.

[320]谢卫红,林培望,李忠顺,等.数字化创新:内涵特征、价值创造与展望[J].外国经济与管理,2020,42(9):19-31.

[321]邢小强,周平录,张竹,等.数字技术、BOP商业模式创新与包容性市场构建[J].管理世界,2019,35(12):116-136.

[322]徐锦霞.开放教育资源的可持续商业模式研究[J].中国远程教育,2016(4):16-22,39.

[323]徐青.政府支持、商业模式创新与企业创新绩效[J].福建论坛(人文社会科学版),2019(6):74-85.

[324]徐伟呈,范爱军.数字金融、内驱机制与实体经济增长:基于实体企业金融化的研究视角[J].山西财经大学学报,2022,44(1):28-42.

[325]徐远彬,卢福财.互联网对制造企业价值创造的影响研究:基于价值创造环节的视角[J].当代财经,2021(1):3-13.

[326]徐宗本,冯芷艳,郭迅华,等.大数据驱动的管理与决策前沿课题[J].管理世界,2014(11):158-163.

[327]许敏,姚梦琪.商业模式、技术创新与制造业绩效:产品市场竞争的调节作用[J].会计之友,2018(11):79-84.

[328]许志勇,宋泽,朱继军,等.金融资产配置、内部控制与企业高质量发展[J].中国软科学,2022(10):154-165.

[329]薛维峰.产品组合商业模式的系统原理与模式研究[J].商业时代,2013(12):27-28.

[330]薛云奎.如何利用财报分析互联网的商业模式[J].会计之友,2022,688(16):2-18.

[331]晏国菀,夏雪.减税降费与企业高质量发展:来自全要素生产率的证据[J].当代经济科学,2023,45(2):119-130

[332]晏宇婷.顺丰战略转型下企业价值创造路径研究[D].杭州:浙江财经大学,2022.

[333]阳双梅,孙锐.论技术创新与商业模式创新的关系[J].科学学研究,2013,31(10):1572-1580.

[334]阳镇,陈劲.平台情境下的可持续性商业模式:逻辑与实现[J].科学学与科学技术管理,2021,42(2):59-76.

[335]杨德明,赵璨,曹伟.寻租与企业绩效:"绊脚石"还是"润滑剂"[J].财贸经济,2017,38(1):130-145.

[336]杨国超,芮萌.高新技术企业税收减免政策的激励效应与迎合效应[J].经济研究,2020,55(9):174-191.

[337]杨俊,张玉利,韩炜,等.高管团队能通过商业模式创新塑造新企业竞争优势吗?:基于CPSEDⅡ数据库的实证研究[J].管理世界,2020,36(7):55-77,88.

[338]杨林,沈春蕾.减税降费赋能中小企业高质量发展了吗?:基于中小板和创业板上市公司的实证研究[J].经济体制改革,2021(2):194-200.

[339]杨仁发,郑媛媛.环境规制、技术创新与制造业高质量发展[J].统计与信息论坛,2020,35(8):73-81.

[340]杨伟中,余剑,李康.金融资源配置、技术进步与经济高质量发展[J].金融研究,2020(12):75-94.

[341]杨兴龙,刘文璐.新常态下企业社会责任履行机制新思考:基于商业模式创新视角[J].财会通讯,2018(23):58-61,129.

[342]杨玄酯,罗巍,唐震.商业模式设计如何促进企业可

持续导向创新绩效:来自扎根理论的多案例研究[J].科技进步与对策,2023,40(1):92-101.

[343]杨玄酯,罗巍,唐震,等.商业模式设计对可持续导向创新绩效的影响研究:环境宽容性的调节效应[J].软科学,2021,35(2):32-37.

[344]杨永恒,王永贵,钟旭东.客户关系管理的内涵、驱动因素及成长维度[J].南开管理评论,2002,5(2):48-52.

[345]叶康涛.会计与企业高质量发展[J].会计之友,2022,679(7):12-16.

[346]易加斌,徐迪.大数据对商业模式创新的影响机理:一个分析框架[J].科技进步与对策,2018,35(3):15-21.

[347]于鹏.价值链向价值网演变视角下的商业模式创新研究[D].大连:东北财经大学,2016.

[348]喻登科,严影.技术创新与商业模式创新相互作用关系及对企业竞争优势的交互效应[J].科技进步与对策,2019,36(11):16-24.

[349]原磊.商业模式体系重构[J].中国工业经济,2007,231(6):70-79.

[350]曾琪洁.基于Airbnb平台的旅游者共享住宿消费行为研究[J].佳木斯大学学报(自然科学版),2022,40(5):160-163.

[351]战明华,汤颜菲,李帅.数字金融发展、渠道效应差异和货币政策传导效果[J].经济研究,2020,55(6):22-38.

[352]张爱萍,王晨光.消费者会响应企业的价值主张吗?:幸福动机对价值主张强度的影响[J].外国经济与管理,2018,40(11):89-100.

[353]张奥,况思睿.数字经济下的机会警觉性与商业模式创新的研究[J].江西科技师范大学学报,2023,210(2):82-88.

[354]张超,钟昌标,杨佳妮.数字金融对实体企业高质量发展

的影响研究：基于浙江的实证[J].华东经济管理,2022,36(3):63-71.

[355] 张峰,薛惠锋.制造业"解锁"能力指数构建及驱动要素测度[J].经济与管理研究,2017,38(2):112-124.

[356] 张婧,杜明飞.网络能力对供应商价值获取的影响：B2B情境下顾客参与型创新项目的实证研究[J].预测,2018,37(4):9-16.

[357] 张敬伟,涂玉琦,靳秀娟.数字化商业模式研究回顾与展望[J].科技进步与对策,2022,39(13):151-160.

[358] 张敬伟,王迎军.基于价值三角形逻辑的商业模式概念模型研究[J].外国经济与管理,2010,32(6):1-8.

[359] 张黎娜,苏雪莎,袁磊.供应链金融与企业数字化转型：异质性特征、渠道机制与非信任环境下的效应差异[J].金融经济学研究,2021,36(6):51-67.

[360] 张璐,雷婧,张强,等.纲举而目张：基于价值主张演变下商业模式创新路径研究[J].南开管理评论,2022,25(4):110-121.

[361] 张璐,周琪,苏敬勤,等.新创企业如何实现商业模式创新？：基于资源行动视角的纵向案例研究[J].管理评论,2019,31(9):219-230.

[362] 张文会,乔宝华.构建我国制造业高质量发展指标体系的几点思考[J].工业经济论坛,2018,05(4):27-32.

[363] 张新民,陈德球.移动互联网时代企业商业模式、价值共创与治理风险：基于瑞幸咖啡财务造假的案例分析[J].管理世界,2020,36(5):74-86,11.

[364] 张新香.商业模式创新驱动技术创新的实现机理研究：基于软件业的多案例扎根分析[J].科学学研究,2015,33(4):616-626.

[365] 张艳,王秦,张苏雁.互联网背景下零售商业模式创

新发展路径的实践与经验：基于阿里巴巴的案例分析[J]．当代经济管理，2020(10):16-22.

[366]张一林，郁芸君，陈珠明．人工智能、中小企业融资与银行数字化转型[J]．中国工业经济，2021(12):69-87.

[367]张志朋．基于案例分析的数字经济背景下用工在线撮合平台商业模式研究[J]．商业研究，2020(11):136-144.

[368]张治栋，廖常文．全要素生产率与经济高质量发展：基于政府干预视角[J]．软科学，2019,33(12):29-35.

[369]赵宸宇．数字化发展与服务化转型：来自制造业上市公司的经验证据[J]．南开管理评论，2021,24(2):149-163.

[370]赵宸宇，王文春，李雪松．数字化转型如何影响企业全要素生产率[J]．财贸经济，2021,42(7):114-129.

[371]郑飞，李腾，刘晗．政府补贴对企业高质量发展的影响研究[J]．经济经纬，2022,39(5):140-150.

[372]周丹，李鑫，王核成．如何共舞？服务商业模式创新与技术创新对企业绩效的交互影响[J]．科技进步与对策，2019,36(22):92-101.

[373]周德良．电商平台企业价值获取研究[J]．宏观经济研究，2017,221(4):65-71.

[374]周芳．商业模式创新与技术创新融合互动的实证研究：以苏州高技术企业为例[J]．企业经济，2015,34(7):88-91.

[375]周佳．在线短租平台商业模式创新研究：以Airbnb为例[J]．广东经济，2018(264):84-92.

[376]周琪，苏敬勤，长青，等．战略导向对企业绩效的作用机制研究：商业模式创新视角[J]．科学学与科学技术管理，2020,41(10):74-92.

[377]朱建平，冯冲．基于粗糙集的游戏核心竞争要素与购买模式挖掘[J]．统计与决策，2022,38(2):164-168.

[378] 朱太辉,林思涵,张晓晨. 数字经济时代平台企业如何促进共同富裕[J]. 金融经济学研究,2022,37(1):181-192.

[379] 朱兆珍,毛宪钧,张家婷. 商业模式评价指标体系及指数构建:基于财务管理视角[J]. 东南大学学报(哲学社会科学版),2018,20(2):70-80.